新手创业指南系列

从零开始学开公司

注册登记·运营管理
财税管理·法律事务

新创企业管理培训中心——————— 编

 化学工业出版社

·北 京·

内容简介

《从零开始学开公司：注册登记·运营管理·财税管理·法律事务》一书主要包括四部分内容。第一部分为注册登记，包括公司概述、核名、报审、领照、刻章、开户、税务、社保等内容；第二部分为运营管理，包括人力资源管理、营销管理、品牌宣传、客户服务等内容；第三部分为财税管理，包括账目建立、成本控制、财务分析、财务危机、税务管理等内容；第四部分为法律事务，包括劳资纠纷、合同管理、风险管理等。

全书采用模块化设置，着重突出可操作性，是一本非常实用的指导手册和入门工具书。本书可供公司管理者和有志于创业的毕业生、职场人士阅读，也可为刚刚起步开公司的创业者提供注册登记、运营管理、财税管理和法律事务方面的帮助，助力新手创业者零基础从容开公司、成功创业！

图书在版编目（CIP）数据

从零开始学开公司：注册登记·运营管理·财税管理·法律事务 / 新创企业管理培训中心编 . —北京：化学工业出版社，2023.11

（新手创业指南系列）

ISBN 978-7-122-43844-7

Ⅰ.①从…　Ⅱ.①新…　Ⅲ.①公司－企业管理　Ⅳ.① F276.6

中国国家版本馆 CIP 数据核字（2023）第 132724 号

责任编辑：夏明慧　　　　　　　　　　　　责任校对：刘　一
装帧设计：溢思视觉设计／程超
E-mail: isstudio@126.com

出版发行：化学工业出版社（北京市东城区青年湖南街13号　邮政编码100011）
印　　刷：北京云浩印刷有限责任公司
装　　订：三河市振勇印装有限公司
787mm×1092mm　1/16　印张14　字数270千字　2024年1月北京第1版第1次印刷

购书咨询：010-64518888　　　　　售后服务：010-64518899
网　　址：http://www.cip.com.cn
凡购买本书，如有缺损质量问题，本社销售中心负责调换。

定　　价：68.00元

随着社会经济的不断发展以及"大众创业"观念的深入人心，越来越多的人会选择自主创业，新手在创业时持有的资金往往比较少，许多人都会寻找白手起家的创业点子。

创业已经成为大家最为关注的热门话题之一，越来越多的人踏上自主创业的道路。创业是创造财富的途径之一。创业不仅能使创始人收获个人财富，还能为社会的总体财富增值。然而，创业并不容易！

如今创业机会众多，创业前景广阔，随着青年创业意识的觉醒和国家相关政策的大力扶持，更多的青年人投身到创业活动中。

几乎所有的创业者在创业初期都是新手。新手要怎么样开始创业？新手创业要注意什么呢？新手创业要做的是搜集信息、寻找资源、调整心态，要掌握注册登记、运营管理、财税管理、法律事务等多方面知识。

创业不是一个暂时的想法，而是一场长期的心理战。创业之前，创业者应做好打持久战的准备，找到合适的项目，整合自己的资源，大胆尝试。创业时，创业者要为生活质量可能降低做好准备。

一个创业者要从创业起步准备、找合伙人、搭建团队，到融资、分配股权、税务管理，以及开发客户、保持利润增长、避免法律风险、化解危机等方面去考虑。

基于此，我们组织编写了"新手创业指南系列"三本书，具体包括《从零开始学创业：创业准备·项目组建·经营运作》《从零开始学开公司：注册登记·运营管理·财税管理·法律事务》《从零开始学股权设计：架构·激励·分配·转让》。

其中，《从零开始学开公司：注册登记·运营管理·财税管理·法律事务》一书主要包括四部分内容。第一部分为注册登记，包括公司概述、核名、报审、领照、刻章、开户、税务、社保、其他9章内容；第二部分为运营管理，包括人力资源管理、营销管理、品牌宣传、客户服务4章内容；第三部分为财税管理，包括账目建立、成本控制、财务分析、财务危机、税务管理5章内容；第四部分为法律事务，包括劳资纠纷、合同管理、风险管理3章内容。

本书采用模块化设置，着重突出可操作性，是一本非常实用的指导手册和入门工具书。本书可供公司管理者和有志于创业的毕业生、职场人士阅读，也可为刚刚起步开公司的创业者提供注册登记、运营管理、财税管理和法律事务方面的帮助，助力新手创业者零基础从容开公司、成功创业！

由于笔者水平有限，书中难免出现疏漏之处，敬请读者批评指正。

编 者

目录 CONTENTS

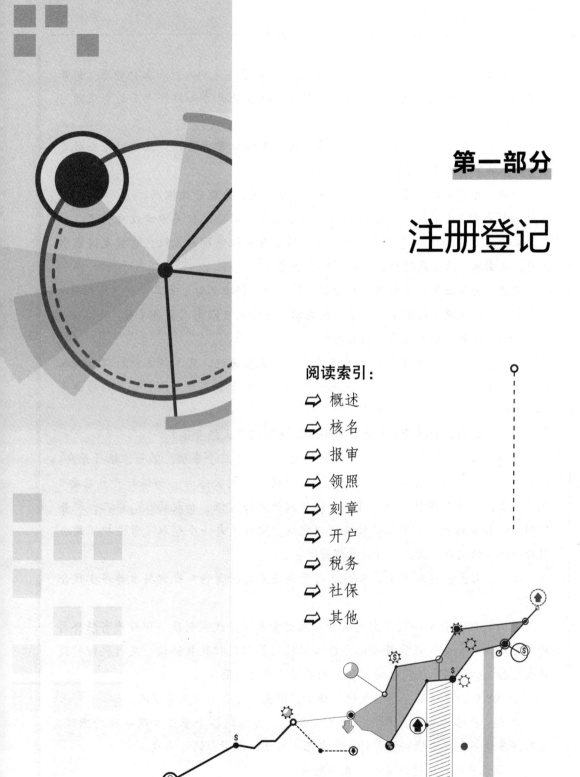

第一部分

注册登记

　　小 B 不想再打工了，他打工 10 年，已经积累了一定的人脉和客户资源，想开一家公司，却不知道如何着手，于是找到了一位企业开办和经营方面的资深顾问老 A，希望获得帮助，从而少走弯路。

　　小 B：A 老师，我打算开一家公司，我有人脉和客户资源，但我对开公司要办哪些手续不太清楚，请您指导一下。

　　老 A：为了合规经营，你最好是注册一家公司，办理营业执照。

　　小 B：嗯，公司注册是指设立公司须依法向公司登记机关申请设立登记，申请营业执照。营业执照是企业的身份证，有了营业执照再开业做生意就是国家承认的合法生意。这个我明白，只是有哪些手续呢？

　　老 A：进行公司注册分为四个步骤：第一步，核准名称；第二步，提交材料；第三步，领取执照；第四步，刻章。完成以上任务就可以完成公司注册。

　　小 B：这个过程大致要多长时间？

　　老 A：现在全程电子化，如果证件齐全、名称通过、交了设立材料以后法人股东能跟着流程签名的话，整个流程一般需要 3～5 个工作日，如果顺利的话可能会更快一些，然后就可以开业了。

　　小 B：是不是拿到营业执照，刻好章，就可以正式经营了？

　　老 A：公司想要正式开始经营，还需要办理以下三个事项。第一，银行开户。公司办公，需要资金支持，那么免不了的就是开立对公账号。而银行开户需要 1 个工作日，开户后预计 7 个工作日可以拿到开户许可证、扣税协议。第二，税务报到。税务报到也是 1 个工作日就可以完成。申报是每一个领取了营业执照的公司必须履行的义务。第三，开通社保账户。

　　小 B：对了，说到资金，公司注册资金还需要验资吗？我需要准备多少钱合适呢？

　　老 A：注册资金一般不需要验资。注册资本实行认缴制度。但股份有限公司的发起人向社会公开募集股份的，应当同银行签订代收股款协议。发行股份的股款缴足后，必须经依法设立的验资机构验资并出具证明。

　　小 B：哦，那就好。您给我说了许多，但我还是有点云里雾里的。

　　老 A：我跟你说的，只是一根主线而已，具体到各个步骤各项事项的操作，还有许多细节，我给你一份资料，你自己去看吧，不明白的再来找我。

　　小 B 恭恭敬敬地接过资料，表示感谢。

　　小 B：谢谢您的引导，我回去好好研读。

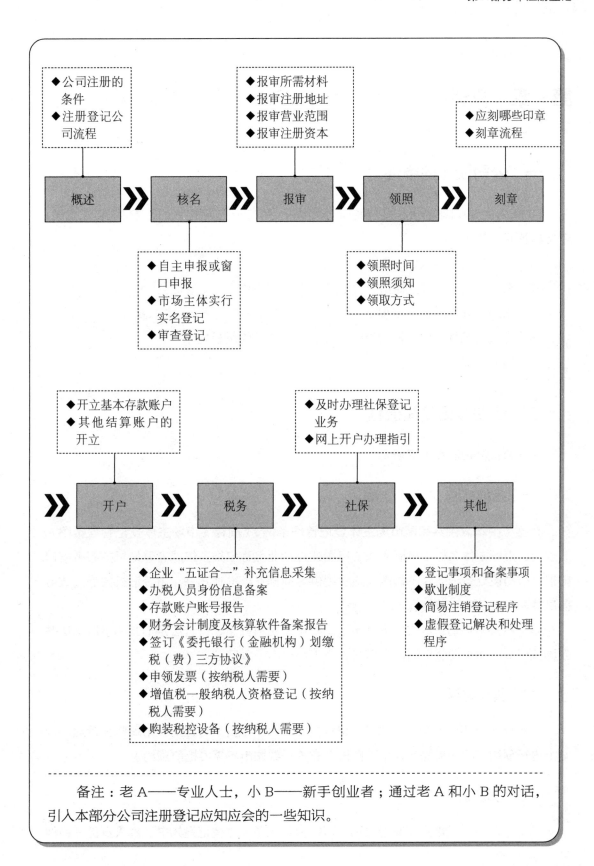

◆公司注册的条件
◆注册登记公司流程

◆报审所需材料
◆报审注册地址
◆报审营业范围
◆报审注册资本

◆应刻哪些印章
◆刻章流程

概述 ▶▶ 核名 ▶▶ 报审 ▶▶ 领照 ▶▶ 刻章

◆自主申报或窗口申报
◆市场主体实行实名登记
◆审查登记

◆领照时间
◆领照须知
◆领取方式

◆开立基本存款账户
◆其他结算账户的开立

◆及时办理社保登记业务
◆网上开户办理指引

▶▶ 开户 ▶▶ 税务 ▶▶ 社保 ▶▶ 其他

◆企业"五证合一"补充信息采集
◆办税人员身份信息备案
◆存款账户账号报告
◆财务会计制度及核算软件备案报告
◆签订《委托银行(金融机构)划缴税(费)三方协议》
◆申领发票(按纳税人需要)
◆增值税一般纳税人资格登记(按纳税人需要)
◆购装税控设备(按纳税人需要)

◆登记事项和备案事项
◆歇业制度
◆简易注销登记程序
◆虚假登记解决和处理程序

备注:老A——专业人士,小B——新手创业者;通过老A和小B的对话,引入本部分公司注册登记应知应会的一些知识。

第一章　概述

一、公司注册的条件

《中华人民共和国公司法》（简称《公司法》）第二十三条规定，设立有限责任公司，应当具备下列条件：

（1）股东符合法定人数；

（2）有符合公司章程规定的全体股东认缴的出资额；

（3）股东共同制定公司章程；

（4）有公司名称，建立符合有限责任公司要求的组织机构；

（5）有公司住所。

二、注册登记公司流程

注册登记公司流程如下所示。

（一）名称核准

根据《中华人民共和国市场主体登记管理条例》（简称《市场主体登记管理条例》）的规定，市场主体名称由申请人依法自主通过企业名称申报系统或者登记机关服务窗口申报。公司设立登记时，不再需要企业提供名称预先核准通知书，由登记机关通过政务信息共享平台获取相关信息。

登记机关对申请材料进行形式审查，对申请材料齐全、符合法定形式的予以确认并当场登记；不能当场登记的，应当在3个工作日内予以登记。

（二）提交材料

可选择线上和线下两种方式进行材料提交，线下提交前可提前在市场监督管理局网站上进行预约，预约需提前5个工作日左右（多数城市不需要提前预约）。

（三）领取证照

法定申请材料经审查核准通过后，可以携带准予设立登记通知书、本人身份证原件到市场监督管理局领取营业执照。

（四）印章刻制

拿到营业执照后，需要携带营业执照原件、法定代表人或授权经办人身份证原件，到具备印章刻制资质的门店办理印章刻制。法定代表人不能亲自到场办理的，由注册登记申请时申报的授权经办人前往办理和领取印章。领取到的公司印章包括：公章、财务章、合同章、发票章、法定代表人名章。后面的步骤中，均需要用到公章或财务章。

（五）银行开户

选择一家适合自己的银行，办理公司银行账户，一般主要考虑银行位置和价格。

（六）税务登记

领取到公司的营业执照后，注意需要在 30 天内进行公司的税务登记，然后核定公司经营后所需缴纳的税种，以及认定纳税人身份。在已开通全流程线上办理的城市，领取营业执照时，公司的工商登记信息由市场监督管理局发送到主管税务机关，同步完成公司的税务登记。

（七）开通社保账户

由于企业必须为员工缴纳职工社保，因此在以上操作完成后，还需要在社保网站上进行社保账户的开通，为企业的员工正常缴纳社会保险费用。

第二章　核名

《市场主体登记管理条例》取消了名称预核准制度，精减了申请所需材料，优化了登记程序。

一、自主申报或窗口申报

《市场主体登记管理条例》规定市场主体名称由申请人依法自主通过企业名称申报系统或者登记机关服务窗口申报。公司设立登记时，企业不再需要提供名称预先核准通知书，由登记机关通过政务信息共享平台获取相关信息。

二、市场主体实行实名登记

《市场主体登记管理条例》要求市场主体实行实名登记，登记申请人应当对所提交材料的真实性、合法性和有效性负责。国务院市场监督管理部门根据市场主体类型分别制定登记材料清单和文书格式样本并向社会公开。

三、审查登记

市场监督管理局登记机关对申请材料进行形式审查，对申请材料齐全、符合法定形式的予以确认并当场登记；不能当场登记的，应当在 3 个工作日内予以登记。

第三章 报审

一、报审所需材料

（1）核名通过的公司名称。

（2）股东、法人、总经理、执行董事、监事身份证照片（除法人和监事不能由同一人担任外，其余职务可以一人身兼多职）。

（3）注册资金、股权分配情况。注册资金实行认缴制的行业，不需要进行验资，根据自身公司经营需要填写相应金额即可，所认缴的资金金额为公司所需承担有限责任的最高金额。认缴资金并不是越多越好，认缴的金额越大，所需承担的风险也越大。

（4）注册地址的 25 位房屋编码。公司的注册登记地一定要真实可查。

（5）经营范围（根据企业经营的项目填写经营范围，最后市场监督管理局核准时会改成规范用语）。

二、报审注册地址

公司注册地址是在公司营业执照上登记的"住址"，一般情况下，公司以其主要办事机构所在地为住所，不同的城市对注册地址的要求也不一样，具体应以当地市场监督管理局的要求为准。

公司注册地需要注意的内容主要集中在三个方面。

（一）什么样的房屋可以用作公司注册

按照《公司法》的规定，公司注册房屋属性必须是商用。写字楼、商铺自然是典型的商用房屋，而商住两用的公寓，就要看不动产权证上标明的性质是商用还是住宅。但是在实际情况下，全国各地不同城市的具体实行标准也不尽相同。比如在一些工商改革试点城市，已经允许电子商务这种纯线上业务公司的注册地在住宅中，但是还需要符合其他各项细节规定。

（二）同一城市不同行政区注册的区别

在同一座城市内，不管在任何地方租赁一处商用房屋，所注册下来的公司是不是就完全一致呢？答案自然是否定的。按照现行《公司法》的规定，公司注册需按照住所所属的行政区，到对应的市场监督管理局进行注册。注册成功后，公司也归属于对应的市场监督管理局管理。所以，在租赁办公场所时，应该提前了解一下所在城市各个区域市场监督管理局的办事效率和服务态度，这对日后的公司运营很有帮助。而且日后如果涉及公司地址变更跨区的情况，需要到两个地区的市场监督管理局办理，首先到迁入地市场监督管理局办理迁入，然后拿着"企业迁移通知书"到迁出地市场监督管理局办理迁出。

（三）如何以高性价比的方式注册公司

对于不少的创业者而言，租赁办公室的费用是创业成本中的一笔大资金，尤其是在大城市，在高房价的带动下，办公地址的房屋租赁价格同样不菲。那么，有什么高性价比的公司注册地可供选择呢？其一，可以选择与朋友的公司联合办公，因为目前相关规定并未禁止同一办公地址仅可注册一家公司；其二，可以入驻当地的众创空间或孵化器，他们一般都可以提供公司注册的地址。

三、报审营业范围

公司的经营范围是指公司在经营活动中所涉及的领域，也是指公司具有什么样的生产项目、经营种类、服务事项。

（一）确定经营范围的因素

公司之所以需要确定经营范围，主要考虑以下因素：

（1）投资者需要知道公司资金的投向，也就是资金投入的项目和承担风险的界限；

（2）公司在经营中权利能力、行为能力的大体界定；

（3）公司董事、监事、经理可以认识自己权限所及的领域；

（4）建立和维护一定的管理秩序、经营秩序，防止无序状态。

公司需要有一定的经营范围，这个经营范围不是由行政主管部门确定或指定的，而是由公司自行确定的。

公司的经营范围并不是固定不变的，随着经济环境的变化和公司决策的变化，公司可以改变、调整其经营范围。但是，在需要变更经营范围的时候，应当依照法定的程序修改公司章程，记载变更的内容，并办理公司经营范围的变更登记。

（二）一般经营项目

一般经营项目是指不需要批准，企业可以自主申请的项目。

表 3-1 所示的经营项目参照《国民经济行业分类》及有关规定，仅供企业参考，企业可根据具体需要自主选择一项或者多项经营项目，经营范围应当包括或者体现企业名称中的行业或者经营特征。跨行业经营的企业，其经营范围中的第一项经营项目所属的行业为该企业的行业。

表 3-1　一般经营项目

序号	类别	经营范围（一般经营项目）
一	投资	（一）大类 投资兴办实业（具体项目另行申报）；投资管理（不含限制项目）；投资咨询（不含限制项目）；投资顾问（不含限制项目） （二）小类 1.股权投资基金 （1）对未上市企业进行股权投资 （2）开展股权投资和企业上市咨询业务 2.股权投资基金管理：受托管理股权投资基金 3.私募证券投资基金管理：投资于证券市场的投资管理（理财产品须通过信托公司发行，在监管机构备案，资金实现第三方银行托管） 4.创业投资 （1）创业投资业务 （2）受托管理创业投资企业等机构或个人的创业投资业务 （3）创业投资咨询业务 （4）为创业企业提供创业管理服务业务 （5）参与设立创业投资企业与创业投资管理顾问 5.从事担保业务（不含融资性担保业务及其他限制项目）（法律、行政法规和国务院决定规定需要前置审批的项目，取得相关审批后方可经营）
二	电子商务	（1）有具体经营范围的：网上经营××、网上提供××服务；网上贸易、网上咨询、网上拍卖、网上广告、网络商务服务、数据库服务、数据库管理 （2）从事电信特许类的，按行政许可内容核定经营范围
三	农业	农产品种植、养殖及其技术研发；谷物种植；豆类、油料、薯类种植；蔬菜、食用菌、园艺作物种植；花卉种植；中药材种植；水果种植

序号	类别	经营范围（一般经营项目）
四	建筑业	（一）大类 建筑工程施工、装饰、装修（取得建设行政主管部门颁发的资质证书方可经营）；电气安装；管道和设备安装 （二）小类 通信线路和设备安装；电子设备工程安装；电子自动化工程安装；监控系统安装；保安监控及防盗报警系统安装；智能卡系统安装；电子工程安装；智能化系统安装；建筑物空调设备、采暖系统、通风设备系统安装；机电设备安装、维修；门窗安装；电工维修；木工维修；管道工维修
五	批发和零售业	（一）大类 国内贸易（不含专营、专卖、专控商品）；经营进出口业务（法律、行政法规、国务院决定禁止的项目除外，限制的项目须取得许可后方可经营）；初级农产品批发、销售；服装、纺织品、针织品、日用百货批发、销售；文化用品、体育用品批发、销售；建材批发、销售；机械设备、五金产品、电子产品批发、销售；首饰、工艺品批发、销售 （二）小类 1.初级农产品 新鲜蔬菜、水果的批发/零售/购销（经营方式可选择，下同，用"销售"代替） 2.纺织、服装类 男士服装、女士服装、童装、围巾、头巾、手套、袜子、皮带、领带、领结、领带夹及饰物、胸针的销售；鞋、帽、床上用纺织品（床单、床罩、被褥等）、室内装饰用纺织品（窗帘、桌布、地毯、挂毯等）、其他纺织品（毛巾、浴巾等）的销售 3.化妆品、卫生用品类 化妆品、卫生用品的销售（护肤用品、头发护理用品、香水、妇女卫生用品、卫生纸、纸巾、洗漱用品等） 4.厨房用品、卫生间用具、灯具、装饰品、家用电器 （1）厨房用品、卫生间用具、灯具、装饰物品、家用电器、家具的销售 （2）钟表、眼镜、箱、包的销售 5.文化、体育用品类 （1）文具用品、体育用品、首饰、工艺美术品的销售 （2）珠宝首饰、金银首饰、钻石首饰、雕刻工艺品、花画工艺品、织制工艺品的销售 （3）玩具、乐器、照相器材的销售 6.建材、化工产品类 （1）建筑和装饰装修材料、建筑声学光学材料、环保节能材料批发、销售；涂料、油墨、颜料、染料、橡胶制品、塑料制品的销售 （2）化工产品、高分子材料、纤维材料及工艺和设备的研发和销售；印制线路板的设计及购销；防护材料的技术开发；涂料、防火材料的销售 （3）一类医疗用品及器材的销售 7.机械设备、五金产品、电子产品类 （1）农业机械、汽车零配件、摩托车及其零配件、电力照明设备、电动机的销售 （2）汽车（不含小轿车）、自行车销售

序号	类别	经营范围（一般经营项目）
五	批发和零售业	（3）计算机、软件及辅助设备的销售 （4）通信设备的销售；无线电及外部设备、网络游戏、多媒体产品的系统集成及无线数据产品（不含限制项目）的销售；无线接入设备、GSM 与 CDMA 无线直放站设备的销售 （5）仪器仪表、办公设备的销售
六	信息传输、软件和信息技术服务业	计算机软件、信息系统软件的开发、销售；信息系统设计、集成、运行维护；信息技术咨询；集成电路设计、研发
七	房地产业	在合法取得使用权的土地上从事房地产开发经营；物业管理；房地产经纪；房地产信息咨询；自有物业租赁
八	租赁和商务服务业	1. 租赁类 机械设备租赁（不配备操作人员的机械设备租赁，不包括金融租赁活动）；汽车租赁（不包括带操作人员的汽车出租）；农业机械租赁；建筑工程机械与设备租赁；计算机及通信设备租赁；自行车、照相器材出租；体育设备出租 2. 企业管理类（指不具体从事对外经营服务，只负责企业的重大决策、资产管理，协调管理下属各机构和内部日常工作的企业总部的活动） 企业总部管理；后勤管理 3. 会议展览、广告类 （1）企业形象策划；文化交流；文化活动策划；礼仪服务、会务服务；市场营销策划；展览展示策划 （2）从事广告业务（法律、行政法规、国务院决定规定需另行办理广告经营项目审批的，须取得许可后方可经营） 4. 办公服务 （1）劳务派遣 （2）翻译、打印及复印；商务文印；电脑喷绘、晒图；电脑绘图 （3）报关代理、企业证件代办 5. 其他 （1）信息咨询（不含限制项目）；经济信息咨询（不含限制项目）；贸易咨询；企业管理咨询（不含限制项目）；商务信息咨询；商业信息咨询 （2）国内、国际货运代理；从事装卸、搬运业务；供应链管理；物流方案设计；物流信息咨询 （3）从事非疾病类心理服务、非药物性心理服务 （4）火车票、机票代售
九	科学研究和技术服务业	1. 工程和技术研究类 冶金工程技术研究；能源科学技术研究；电子、通信与自动控制技术研究；计算机科学技术研究；土木工程研究；水利工程研究；交通运输工程研究；食品科学技术研究 2. 地质勘查 地质勘查

续表

序号	类别	经营范围（一般经营项目）
九	科学研究和技术服务业	3. 工程技术类 （1）工程技术咨询、工程材料咨询、工程造价咨询、工程监理、工程招标代理（取得建设行政主管部门颁发的资质证书方可经营） （2）建筑工程设计、施工（取得建设行政主管部门颁发的资质证书方可经营） 4. 其他类 （1）工业设计、时装设计、包装装潢设计、多媒体设计、动漫及衍生产品设计、动漫产品设计、饰物装饰设计、展台设计、规划模型设计、沙盘模型设计 （2）摄影扩印服务 5. 技术推广类 （1）农业技术、生物技术、新材料技术、节能技术推广；生物制品的技术开发；生物科技产品的技术开发 （2）科技信息咨询 （3）宣传学科知识
十	居民服务、修理和其他服务业	家政服务；代收干洗衣物；提供代驾、陪驾服务（不含驾驶员技术培训）；计算机和辅助设备、通信设备、办公设备、家用电器（家用电子产品、日用电器）修理；机械设备清洗

目前，互联网上有很多可以查询公司工商信息的平台，如天眼查、企信宝等网站。创业者可以根据自己选择的公司类别，如"网络科技有限公司"，直接在平台上查询相关关键词，排名靠前的一般都是该领域内较为知名的标杆企业。这些企业的经营范围一般都是经过了多次修改和完善的，创业者可以直接对照进行填写。

四、报审注册资本

《公司法》规定，注册资本实施认缴登记制，并放宽商事主体登记其他条件。股东（发起人）要按照自主约定并记载于公司章程的认缴出资额、约定的出资方式和出资期限向公司缴付出资，股东（发起人）未按约定实际缴付出资的，要根据法律和公司章程承担民事责任。

如果股东（发起人）没有按约定缴付出资，已按时缴足出资的股东（发起人）或者公司本身都可以追究该股东（发起人）的责任。如果公司发生债务纠纷或依法解散清算，没有缴足出资的股东（发起人）应先缴足出资。

《公司法》第二十六条规定："有限责任公司的注册资本为在公司登记机关登记的全体股东认缴的出资额。法律、行政法规以及国务院决定对有限责任公司注册资本实缴、注册资本最低限额另有规定的，从其规定。"

第四章　领照

一、领照时间

申请开业登记审批通过一般会在一到两个工作日发送手机短信，经办人和法人接收到短信即可去现场领取执照。变更登记 3 个工作日左右领取执照。申请材料需要修改或进一步完善的，领照日期将被顺延。

二、领照须知

（1）新开业企业或者企业申请变更法定代表人或负责人的，必须由企业的法定代表人或负责人凭本人的身份证件前来领取，确因特殊情况法定代表人或负责人不能前往的，可由委托代理人凭委托书、法定代表人身份证（复印件也可）和委托代理人本人的身份证前来领取。

（2）除法定代表人或负责人以外之登记事项变更的企业，其领照人可以不是法定代表人或负责人，但领照人必须持本人身份证和企业介绍信。

（3）企业办理变更登记的，领照人还须提交全部原企业执照正本和副本；若系企业名称变更，领照人还应将企业原有印章交发照人，切角并在注册书上加盖印记。

（4）领照人必须对所领执照的内容进行校阅，若无异议应在登记注册书相应栏目上签字。

（5）领照时，应先在电脑公告屏上查找企业名称，并记录下执照注册号，提交发照人。

三、领取方式

领取营业执照有两种方式。

（一）领取电子营业执照

商事登记机关准予登记的，经办人可在网上注册系统查看到电子营业执照，并可下载其复制件。电子营业执照与纸质营业执照具有同等法律效力。

（二）领取纸质营业执照

需要领取纸质营业执照的，经办人可持本人身份证、授权书，或者法定代表人（法人企业）、负责人（分公司、分支机构）、投资人（个人独资企业）、执行事务合伙人（合伙企业）或经营者（个体工商户）持本人身份证根据系统提示前往指定登记机关办照大厅窗口申请领取纸质营业执照。

第五章　刻章

注册一家公司，刻章是一个必要的流程，公章是公司处理内外部事务的印鉴，印有公章的文件具有法律效力，代表公司的行为。

一、应刻哪些印章

公司新设立的时候，一般都会需要全套章，包括公章、财务章、法人章、发票章。这 4 个印章是必须要有的，可以凭营业执照及法人身份证进行篆刻，然后备案即可，其余的印章可以选择性刻制。比如办理银行业务需要刻制公章、财务章、法人章，有进出口业务须刻制报关章，需要经常签订合同就刻制合同章，如果分部门则可以设置部门章等。

二、刻章流程

（一）申请

新成立的企业申请刻制印章，须持以下资料，并附印章样模，到属地公安机关办理：

（1）营业执照副本原件和复印件一份；

（2）法定代表人和经办人身份证原件及复印件一份；

（3）法定代表人授权刻章委托书。

（二）刻制印章

企业须凭公安分局填发的《刻章许可证》到市公安局核准的刻章店刻章。

（三）印章备案

印章刻好之后将新刻的印章盖在印鉴卡上，并于 3 个工作日内将该印鉴卡交回公安分局原审批窗口备案。

> **特别提示**
>
> 必须在营业执照签发日期起一个月之内办好印章备案，有特别原因延误的，须在刻章证明上说明合理的原因才接受印章备案，否则公安机关不再接受印章备案。

第六章 开户

办理银行开户，主要是指企业成立之初开立基本存款账户。因为一旦企业开办成功，开立基本存款账户后，才可以开立一般存款账户、临时存款账户、专用存款账户等。

一、开立基本存款账户

企业开立的基本存款账户，是指存款人办理日常转账结算和现金收付而开立的银行存款结算账户，是存款人的主要存款账户。其使用范围包括：存款人日常经营活动的资金收付，以及存款人的工资、奖金和现金的支取。

（一）开立基本存款账户所需资料

（1）营业执照正本及复印件。

（2）法定代表人身份证原件及复印件。

（3）经办人身份证原件及复印件。

（4）公司开户委托人证明（授权委托书）。

（5）公司公章、财务章、法人或其他人员私章。

（6）当地银行要求提供的其他资料。

（二）基本存款账户银行开户流程

（1）提前预约银行客户经理或直接带相关材料前去。

（2）在客户经理的指引下签署相关文件、盖章。

（3）银行会将相关资料报送央行，一般5个工作日后央行会下发开户许可证。

（4）等待客户经理通知去取证以及拿回回单卡、U盾等。

（5）在客户经理的指引下进行账户存款等剩余操作。

注：一般来说，在开户和取证中，法定代表人至少亲自到场一次。

二、其他结算账户的开立

企业除了开立基本存款账户，还可能开立一般存款账户、专用存款账户和临时存款账户。

一般存款账户是企业或其他存款人因借款或其他结算需要，在基本存款账户开户银行以外的银行营业机构开立的银行结算账户。该账户只能办理现金缴存，但不得办理现金支取。

（一）开立一般存款账户

企业申请开立一般存款账户，应向银行出具其开立基本存款账户所规定的证明文件、基本存款账户开户登记证和因向银行借款而签署的借款合同。存款人因其他结算需要的，还应出具有关证明。

开立一般存款账户，除需填制开户申请书、协议书、客户预留印鉴卡外，还要向金融机构提供以下资料：

（1）营业执照正本原件及复印件一份；

（2）基本开户许可证原件及复印件一份；

（3）企业法人身份证原件及复印件一份；

（4）企业公章、财务专用章及法人章；

（5）存入新户头的现金。

以上复印件均用 A4 纸复印。由此可看出，开立一般存款账户所需提供的资料与开立基本存款账户基本相同，最明显的区别是多了一个基本开户许可证。这样，再经过金融机构工作人员的处理，给出账号，退给一份申请书、协议书及客户预留印鉴卡，并返还所提供原件，一般存款账户便开立完毕。

（二）专用存款账户

专用存款账户是指存款人按照法律、行政法规和规章，对有特定用途的资金进行专项管理和使用而开立的银行结算账户。专用存款账户适用于基本建设资金，更新改造资金，财政预算外资金，粮、棉、油收购资金，住房基金等专项管理和使用的资金。凡存款人具有专门用途且需要进行专项管理的资金，均可开立专用存款账户。

第七章　税务

国家推行"五证合一、一照一码"登记制度，新设立企业领取营业执照后，无须再次进行税务登记，不再领取税务登记证，但企业纳税义务并没有因此免除，纳税申报缴纳税款更是责无旁贷。实行"一照一码"新登记模式后，领取营业执照的纳税人需要办理备案，也就是税务报到。

在领取营业执照的时候，就相当于办理了税务登记证，新办企业应在领取营业执照之日起 15 天内把财务、会计制度或者处理办法报送主管税务机关备案，在开立存款账户之日起 15 天内，向主管税务机关报告全面账号，并按规定申报纳税。

备案事项如图 7-1 所示。

企业"五证合一"补充信息采集

办税人员身份信息备案

存款账户账号报告

财务会计制度及核算软件备案报告

签订《委托银行（金融机构）划缴税（费）三方协议》

申领发票（按纳税人需要）

增值税一般纳税人资格登记（按纳税人需要）

购装税控设备（按纳税人需要）

图 7-1　在税务局的备案事项

> **特别提示**
>
> 　　按照税务部门相关条例，营业执照领取后须在 30 日内到主管税务所报到，也就是税务登记。逾期且长期不处理的企业可能会被市场监督管理部门认定超过 6 个月未开业，给予吊销营业执照法人资格的行政处罚，从而影响公司正常经营及法人和关联股东的个人征信。

一、企业"五证合一"补充信息采集

企业在市场监督管理部门办理加载统一社会信用代码的营业执照后，在首次办理涉税事项时，税务机关对其进行补充信息采集，在完成补充信息采集后，凭加载统一代码的营业执照可代替税务登记证使用。

企业办理补充信息采集，应提交以下资料：

（1）"企业'五证合一'登记补充信息表"；

（2）加载统一社会信用代码的营业执照原件及复印件；

（3）法定代表人居民身份证、护照或其他证明身份的合法证件；

（4）企业设立的分支机构应提供总机构的营业执照。

在办税服务厅办理的，"'五证合一'登记信息确认表"（见表7-1）由税务机关前台打印，供纳税人签章确认。

表 7-1 "五证合一"登记信息确认表

尊敬的纳税人：

以下是您在市场监督管理部门办理注册登记时提供的信息。为保障您的合法权益，请您仔细阅读，对其中不全的信息进行补充，对不准的信息进行更正，对需要更新的信息进行补正，以便为您提供相关服务。

一、以下信息非常重要，请您务必仔细阅读并予以确认							
纳税人名称				统一社会信用代码			
登记注册类型			批准设立机关			开业（设立）日期	
生产经营期限起		生产经营期限止		注册地址邮政编码		注册地址联系电话	
注册地址							
生产经营地址							
经营范围		（可根据内容调整表格大小）					
注册资本		币种		金额			
投资方名称	证件类型	证件号码				投资比例	国籍或地址
		□□□□□□□□□□□□□□□□□□					
		□□□□□□□□□□□□□□□□□□					
……	……			……		……	……

续表

联系人	姓名	证件类型	证件号码	固定电话	移动电话
法定代表人			□□□□□□□□□□□□□□□□□□		
财务负责人			□□□□□□□□□□□□□□□□□□		

二、以下信息比较重要，请您根据您的实际情况予以确认

法定代表人电子邮箱		财务负责人电子邮箱	
投资总额	币种	金额	

若您是总机构，请您确认

分支机构名称		分支机构统一社会信用代码	
分支机构名称		分支机构统一社会信用代码	
分支机构名称		分支机构统一社会信用代码	
……		……	

若您是分支机构，请您确认

总机构名称		总机构统一社会信用代码	

经办人：　　　纳税人（签章）

年　　月　　日

注意事项：纳税人提供的法定代表人和财务负责人的联系电话，请确保有效、正确和通畅。

二、办税人员身份信息备案

税收实名制管理是指税务机关通过对办税人员身份信息进行采集、核验和维护，在明确办税人员身份及办税授权关系的前提下为纳税人办理相关涉税（费）事项。实名登记包括实名认证和办税授权关系绑定两部分。

（一）哪些人是办税人员

办税人员是指代表纳税人办理涉税（费）事项的人员，具体包括纳税人、缴费人、扣缴义务人的法定代表人（负责人、业主）、财务负责人、办税员、税务代理人和经纳税人授权的其他人员。

（二）实名登记渠道

实名登记可通过电子办税渠道或在税务机关办理，其中持有非居民身份证和非临时居民身份证的办税人员需在税务机关办理。

下面以广东税务办理实名登记来说明办理渠道，具体如下：

（1）"广东税务"手机 App；

（2）"广东税务"微信公众号；

（3）广东省电子税务局门户网站（浏览器输入地址 www.etax-gd.gov.cn）；

（4）前往行政服务中心税务部门窗口及办税服务厅现场办理。

其中，手机认证最方便快捷，建议使用手机办理。

办税人员应带好本人身份证件原件和纳税人办税授权书，到税务机关现场办理身份信息采集；办税人员是法定代表人（负责人）的，则只需提供身份证件原件。

（三）办税授权关系绑定

办理实名认证后，选择相应角色（法定代表人、财务负责人、办税员、购票员）及权限进行企业绑定，建议自行在网上办理。

完成实名认证和绑定企业后，就可通过登录广东省电子税务局（网页或手机 App）线上申请办理相关涉税业务。办税员办理企业绑定的，须由法定代表人或财务负责人授权。

（四）办结时限

即时办结。

（五）办理的注意事项

（1）根据发票业务相关要求，涉及发票业务的要完成法定代表人（负责人、业主）和办税员的实名登记。

（2）如需申领增值税发票（税控设备）的，到办税服务厅办理首次领取或发行税控设备的办税人员应完成实名登记。

（3）如新登记为一般纳税人的商贸纳税人申领增值税专用发票，领票前还需完成领票人的现场实名登记。

三、存款账户账号报告

《中华人民共和国税收征收管理法实施细则》（简称《税收征收管理法实施细则》）

第十七条规定，从事生产、经营的纳税人应当自开立基本存款账户或者其他存款账户之日起15日内，向主管税务机关书面报告其全部账号；发生变化的，应当自变化之日起15日内，向主管税务机关书面报告。

（一）报告方式

报告方式包括税务机关前台办理及通过电子税务局网站办理。

（二）提供资料

报告需提供的资料包括"纳税人存款账户账号报告表"（见表7-2）"、社会保险费缴费人账户账号报告表"（社保缴费人提供）。纳税人通过电子税务局办理的无须报送纸质资料。

表 7-2　纳税人存款账户账号报告表

纳税人名称			纳税人识别号			
经营地址						
银行开户登记证号			发证日期		年　月　日	
账户性质	开户银行	账号	开户时间	变更时间	注销时间	备注
报告单位： 经办人： 法定代表人（负责人）： 　　　报告单位（签章） 　　　年 月 日			受理税务机关： 经办人： 负责人： 　　　税务机关（签章） 　　　年 月 日			

（三）办理程序

1. 纳税人存款账户账号报告

（1）登录电子税务局网站（以安徽省电子税务局为例），点击"我要办税"—"综合信息报告"—"制度信息报告"—"存款账户账号报告"，或者直接在搜索栏搜索存款账户账号报告，点击"搜索"进入，如图7-2、图7-3所示。

图7-2　登录并进入"综合信息报告"界面

图7-3　点击"存款账户账号报告"界面

（2）填写相关内容。相关内容填写如图7-4所示。操作说明：在操作中点击增加按钮，增加一行；点击删除按钮，删除新增加的信息或已存在的信息；基本存款账户有且只能有一个；星号为必填项，除此之外，"银行开户登记证号""发放日期"虽不带星号，但若不填写无法保存。

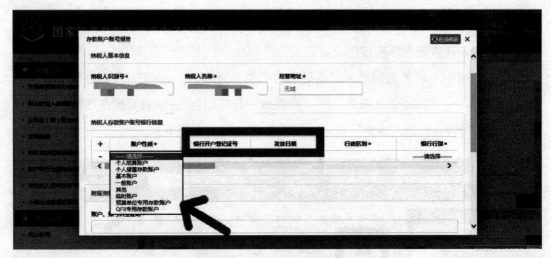

图7-4 填写相关内容界面

"首选缴税账户标识"，建议选择"是"，"一般退税账户标识"也建议选择"是"，如图7-5所示。

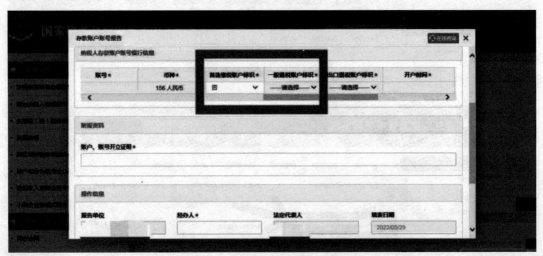

图7-5 "首选缴税账户标识"选择的界面

如已经维护过银行的账户信息，可对账户进行修改或删除。若要修改，进入"存款账户账号报告"页面后，点击"我的银行账户信息"会自动填入之前已经维护过的信息，可在填入信息的基础上修改，保存提交即可。

（3）上传信息。填写完信息之后，点击"账户、账号开立证明"下的方框，在弹出对话框中点击"选择文件"，选择必须报送的附件，点击"开始上传"，如图7-6所示。

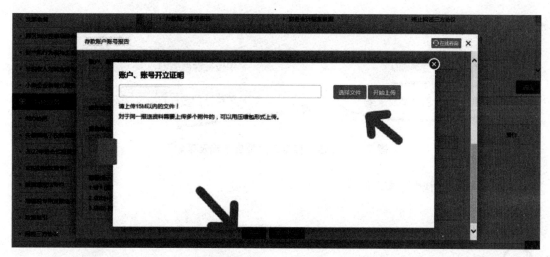

图 7-6　点击"开始上传"界面

（4）最后，文件上传成功后，可以点击"下一步"，查看受理系统回执单。

2. 社会保险费缴费人账户账号报告

（1）企业登录电子税务局，进入"我要办税"页面，选择"社保业务"，如图 7-7 所示。

图 7-7　选择"社保业务"

（2）选择"制度信息报告"，点击"存款账户报告查询及采集"，如图 7-8 所示。

▌缴费

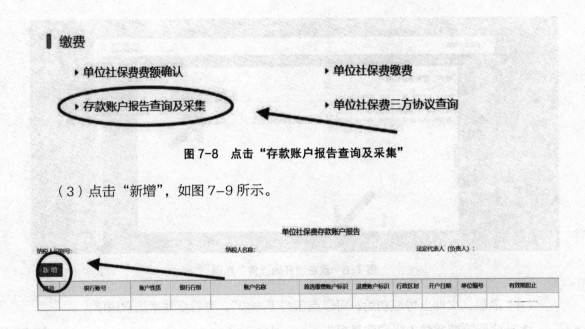

图7-8 点击"存款账户报告查询及采集"

（3）点击"新增"，如图7-9所示。

图7-9 点击"新增"

（4）输入存款账户各项信息，点击"提交"，如图7-10所示。

图7-10 点击"提交"

（四）注意事项

（1）企业对报送材料的真实性和合法性承担责任。

（2）文书表单可在税务局网站"下载中心"栏目查询下载或到办税服务厅领取。

（3）企业使用符合《中华人民共和国电子签名法》（简称《电子签名法》）规定条件的电子签名，与手写签名或者盖章具有同等法律效力。

（4）企业提供的各项资料为复印件的，均须注明"与原件一致"并签章。

四、财务会计制度及核算软件备案报告

企业在领取加载统一社会信用代码营业执照后，首次办理涉税事项时，应将财务、会计制度或者财务、会计处理办法等信息报主管税务机关备案。企业使用计算机记账的，还应在使用前将会计电算化系统的会计核算软件、使用说明书及有关资料报主管税务机关备案。

（一）报告方式

报告方式包括税务机关前台办理及通过电子税务局网站办理。

（二）提供资料

报告需提供的资料包括"财务会计制度及核算软件备案报告书"（见表7-3），"纳税人财务、会计制度或纳税人财务、会计核算办法"，财务会计核算软件、使用说明书复印件（使用计算机记账的纳税人）。纳税人通过电子税务局办理的无须报送纸质资料。

表7-3　财务会计制度及核算软件备案报告书

纳税人名称	×××公司	纳税人识别号	9133××××××××××××××
资　料	名　称		备　注
1.财务、会计制度			
2.低值易耗品摊销方法			
3.折旧方法			
4.成本核算方法			
5.会计核算软件			

续表

资　料	名　称	备　注
6.会计报表		

纳税人： 经办人：××　负责人：××　纳税人（签章） 报告日期：20××年×月×日	税务机关： 经办人：××　负责人：××　税务机关（签章） 受理日期：20××年×月×日

公章

五、签订《委托银行（金融机构）划缴税（费）三方协议》

企业自愿选择联网电子缴税方式缴纳税款的，应当由纳税人与其开户银行、税务机关签订三方银税协议。

企业在办理补充信息采集并完成税（费）种登记后，应当按照国家有关规定，持营业执照，到主管税务机关领取并如实填写《委托划转税款协议书》并到各开户银行盖章签字。

（一）企业应报送的资料

（1）《委托划转税款协议书》一式三份（企业、银行、税务机关各一份）。

（2）营业执照。

（3）单位公章。

（二）银税协议办理流程

（1）企业到各开户银行或当地税务机关领取并如实填写《委托缴税协议书》并盖章签字。

（2）开户银行对协议内容确认无误并填写开户银行行号及清算银行行号后，在三份协议上分别签章，同时留存一份，将另外两份退给纳税人带回税务机关。

（3）企业将其中一份交于税务机关，税务人员根据纳税人交回的协议书内容进入

CTAIS 系统→银税协议维护模块，录入各项内容，保存后再点击发送，发送成功提示：发送请求验证成功。

（4）发生缴款业务后当月，开户银行为纳税人打印电子缴税付款凭证，纳税人据此记账。

（三）银税协议维护注意事项

（1）协议未验证成功时，需要业务人员进行税务端三方协议信息与银行端三方协议信息各要素的比对检查。

（2）企业要确保其缴税绑定账户状态正常，能够正常转账，如有变化要及时办理有关手续。

（3）企业保证在办理委托缴税时，应保证账户余额超过应纳税额，确保账户能正常结算，否则纳税人承担相应的责任。

（4）在税款征期结束日或罚款、税务行政性收费期限限缴最后一日，为了确保款项及时足额入库，防止滞纳金产生，纳税人必须在工作时间内提前半小时进行数据申报，税务机关承诺在规定时间内发送扣缴信息，若纳税人未在规定时间内进行数据申报，由此产生的滞纳金由纳税人承担。

六、申领发票（按纳税人需要）

新办企业如需领用发票，应先刻制发票专用章和完成实名登记，再向主管税务机关申请办理发票领用手续。主管税务机关根据领用单位和个人的经营范围和规模，确认领用发票的种类、数量以及领用方式。

（一）申领发票的前置条件

办理票种核定前要完成法定代表人（负责人、业主）和办税员的实名登记；如需申领增值税发票（税控设备）的，在办税服务厅首次办理领取或发行税控设备的办税人员应完成实名登记；如新登记为一般纳税人的商贸纳税人申领增值税专用发票，领票前还需完成领票人的现场实名登记。

（二）首次申请领用发票需报送资料

（1）"纳税人领用发票票种核定表"两份。

（2）加载统一社会信用代码的营业执照或税务登记证。

（3）经办人身份证明及复印件。

（4）发票专用章印模。

（三）领购发票种类

一般情况下，纳税人使用何种发票，要视经营情况和业务需要而定。

（1）如果是增值税一般纳税人，可以使用税控设备开具增值税普通发票和增值税专用发票。

（2）如果是增值税小规模纳税人，视几种不同情况而定。

①小规模纳税人领购发票种类。

如果是季度核定销售额不超过9万元的双定个体户，或是在申领发票前季度销售额未超过9万元的小规模纳税人，可以申请领用非税控发票，包括通用机打发票、定额发票等。

如果是季度核定销售额超过9万元的双定个体户，或是在申领发票前季度销售额超过9万元的小规模纳税人，应该申请使用税控设备开具发票。税控发票包括增值税普通发票和增值税专用发票等。

如果领用税控发票，需要凭税务机关发放的"增值税发票税控系统安装使用通知书"到指定服务单位购买税控设备并到办税服务厅进行设备发行后方可开具发票。

②小规模纳税人是否可以领用增值税专用发票。

目前，月销售额超过3万元（或季销售额超过9万元）的工业以及信息传输、软件和信息技术服务业，鉴证咨询业，建筑业和住宿业的小规模纳税人可申请领用增值税专用发票。

特别提示

新办纳税人首次办理发票票种核定，增值税专用发票最高开票限额不超过10万元，每月最高领用数量不超过25份；增值税普通发票最高开票限额不超过10万元，每月最高领用数量不超过50份。

（四）增值税专用发票的审批

增值税专用发票最高开票限额的审批是税务行政许可项目，所以如果申请领用专用发票，需要在电子税务局提交一份"税务行政许可申请表"和"增值税专用发票最高开票限额申请单"。

税务机关在20个工作日内审批处理完毕后，会通知办税人员持税控设备到办税服务厅办理发行授权和发票领用事宜。其中，最高开票限额为 10 万元以下的增值税专用发票审批事项可在两个工作日内完成，有条件的税务机关还可即时办结。

（五）发票的领取

（1）实名采集信息的本人持有效身份证件到窗口领取发票。

（2）实名采集信息的本人在自助领票机上自主领取发票。

（3）在电子税务局上选择邮寄发票，通过邮递上门取得发票。

七、增值税一般纳税人资格登记（按纳税人需要）

新开业的纳税人，会计核算健全，能够提供准确税务资料的，可以向主管税务机关申请一般纳税人登记。纳税人自其选择的一般纳税人资格生效之日起，按照增值税一般计税方法计算应纳税额，并可以按照规定领用增值税专用发票。

（一）提供资料

所提供的资料包括增值税一般纳税人资格登记表、加载统一社会信用代码的营业执照（原件查验）。

（二）网上申请流程

（1）登录电子税务局。下面以厦门电子税务局为例进行说明，登录界面如图 7-11 所示。

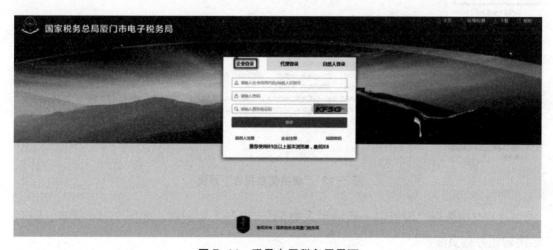

图 7-11　登录电子税务局界面

（2）选择"我要办税"—"综合信息报告"—"资格信息报告"，如图 7-12、图 7-13 所示。

图 7-12 "综合信息报告"界面

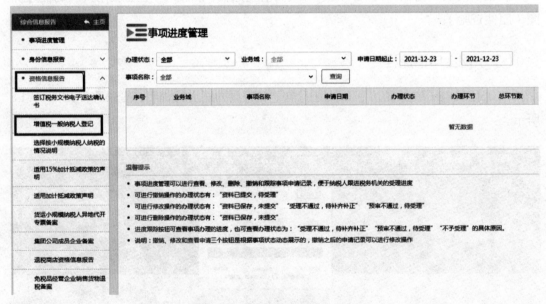

图 7-13 "资格信息报告"界面

（3）点击选择"增值税一般纳税人登记"，进行人脸识别，如图 7-14 所示，识别后跳转到办理页面。

欢迎进入人脸识别操作界面（示意图）

1. 请打开手机微信，扫描下方**（带税徽）**二维码，进入"厦门税务掌上办税厅"：

2. 点击"二维码扫描"，扫描下方二维码，进入人脸识别：

识别通过后系统将自动跳转到您要办税的功能界面，您可以继续您的办税操作。

图 7-14　人脸识别（示意图）

（4）填写"增值税一般纳税人登记"，如图 7-15 所示，点击"附送资料"上传"增值税一般纳税人登记表"（见图 7-16）后，选择提交。

增值税一般纳税人登记		附送资料 保存 重置 提交

纳税人信息

纳税人识别号		纳税人名称	厦门市
*经办人		*经办人联系方式	

增值税一般纳税人登记表-法定代表人基本信息

法定代表人（负责人、业主）		证件名称	居民身份证
证件号码		联系电话	

增值税一般纳税人登记表-财务负责人基本信息

*财务负责人		*证件名称	居民身份证
*证件号码		*联系电话	

增值税一般纳税人登记表-办税人员基本信息

*办税人员		*证件名称	居民身份证
*证件号码		*联系电话	

增值税一般纳税人登记表-企业基本信息

生产经营地址	厦门市湖里区	*核算地址	厦门市湖里区
纳税人类别	1|企业、企业性单位	*主营业务类别	10|工业
*一般纳税人资格生效之日	次月一日|2022-01-01	*会计核算是否健全	Y|是
从业人数	1	审请日期	2021-12-27
是否小型商贸批发企业	是	税收登记日期	2014-12-26
年应税销售额是否超过小规模纳税人标准	否		
是否只从事出口贸易不需要使用增值税专用发票	否		

图 7-15　填写"增值税一般纳税人登记"界面

图 7-16　点击"附送资料"上传界面

（5）信息填写无误后，提交"申请"，关闭页面即可，回执单界面如图 7-17 所示。

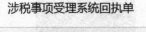

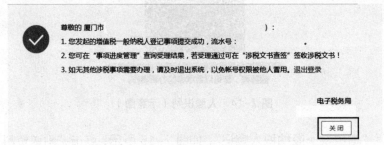

图 7-17　回执单界面

八、购装税控设备（按纳税人需要）

增值税专用发票、增值税普通发票、增值税电子普通发票、机动车销售统一发票、二手车销售统一发票等发票需要使用增值税发票管理系统开具，新办企业申请领用上述发票前应按照相关规定申购税控设备。

（一）购装渠道

目前，税务机关已实现税控设备网上申购，新办企业也可以选择办税服务厅前台办理申购税控设备。在办税服务厅首次办理领取或发行税控设备的办税人员应完成实名登记，如未完成需在办税服务厅现场办理实名登记后再办理相关业务。

（二）提供资料

所提供的资料包括"增值税发票税控系统安装使用通知书"、税控设备购销及技术服务合同书或协议书、单位公章及发票专用章、经办人身份证（原件查验）。

特别提示

　　初次购置税控专用设备支付的费用和每年缴纳的技术维护费，可以凭取得的发票在增值税应纳税额中全额抵减（抵减额为价税合计额）。

（三）申请购买"税控盘"的流程

（1）完成税务报到后，持营业执照到税务局进行使用申请。

（2）税务局批准后，申购税控盘或金税盘。

（3）去航天金税公司购金税盘或去百望金赋公司购税控盘，也可以在网上办理。

（4）税控盘或金税盘经销商初始化金税盘或税控盘。

（5）到税务局注册登记。

（6）回公司安装开票软件，如果还有问题，可以拨打税务局免费人工咨询号码或者税控盘、金税盘经销商电话。

（四）税控设备网上购买流程

　　下面以北京市电子税务局为例来加以说明。

　　1. 没有核定票种的情形

（1）点击"我要办税"—"发票使用"。

（2）点击"发票使用"—"发票票种核定"—"票种核定初次申请"，如图7-18所示。

图7-18　没有核定票种情形下前几步的界面

（3）在"票种核定初次申请"界面，如图7-19所示，点击填表进入票种核定申请明细——增加，根据企业实际需要选择对应票种，填完必填项，点击"保存"，点击"下一步"提交等待税务机关受理即可。

图7-19 "票种核定初次申请"界面

2. 已经核定票种的情形

参考以下步骤操作申领税务UKey：

（1）点击"我要查询"—"办税进度及结果信息查询"。

（2）点击"事项办理"，在"事项进度管理"中查询事项名称为"发票票种核定"，办理状态为"审核通过"，点击操作下方的"进度跟踪"。

（3）点击"税控设备申请"，进入线上申领税控界面即可。

（4）填写税控设备申请，申请人请填写申请人姓名不要填写公司名称，盘类型直接选择"税务UKey"，邮寄配送可自行选择"是"或者"否"（若选择邮寄方式，配送地址仅支持北京，邮费到付），填完信息后点击页面下方的"免费领取"即提交。

（5）提交成功后可重新进入申领界面，查看右上角的"缴费状态"下方显示什么，如邮寄配送选择的是"是"，可以查看下方的办理进度里有没有显示快递单号，如有，则可以通过单号查询物流；如邮寄配送选择的是"否"，请看页面下方税控发行文书后有没有显示"领取回执"字样，如有，请按回执内容办理后续事项即可。

为推进社会诚信体系建设，提升纳税服务质效，维护纳税人合法权益，降低纳税人及其办税人员在办税过程中的涉税风险，税务机关将在纳税人领用发票时，对法定代表人（负责人、业主）、财务负责人、办税员、票管员、缴费人、税务代理人和经法定代表人（负责人、业主）授权的其他人员（以下简称办税人员）等的身份信息进行采集。

第八章　社保

一、及时办理社保登记业务

按照《中华人民共和国社会保险法》（简称《社会保险法》）的规定，用人单位应当自成立之日起 30 日内，向当地社会保险经办机构申请办理社会保险登记。企业设立后，法定代表人（负责人）应督促经办人及时上网办理完成社保登记业务。

二、网上开户办理指引

新设企业取得加载统一社会信用代码的营业执照后，即可通过登录人社网上办事服务大厅首页，完善相关信息，实现网上社保开户。

单位可以通过电子营业执照注册的方式进行登录，下面以深圳社保登记网上办理为例进行说明。

（1）进入深圳人社网上办事服务大厅，点击"单位社保网上服务"如图 8-1 所示。《电子营业执照使用手册》可在营业执照发证窗口领取或在市行政审批局官网首页"登记注册"栏目下载。

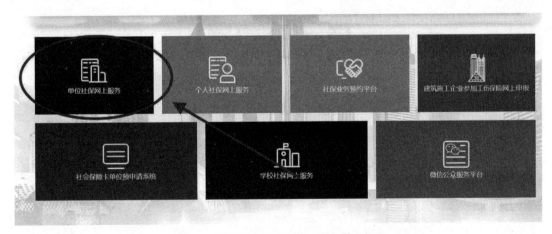

图 8-1　深圳人社网上办事服务大厅界面

（2）进入单位社保网上服务系统界面，点击"省政务服务网认证入口"，如图 8-2 所示。

图 8-2　点击"省政务服务网认证入口"

（3）手机微信打开"扫一扫"，扫描二维码登录，如图 8-3 所示。

个人登录　　　　法人登录

法人包括企业、个体工商户、政府机关、社会团体等

请您使用【微信】扫码登录 ①

图 8-3　手机微信扫码登录

（4）扫描成功后，选择需要使用的执照，如图 8-4 所示，然后输入执照密码进行登录，如图 8-5 所示。

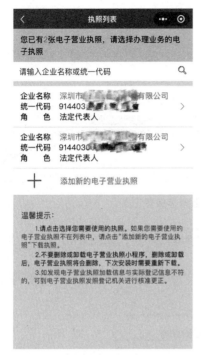

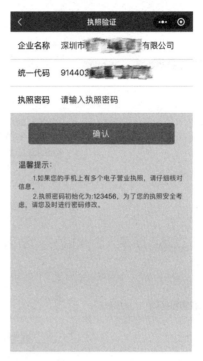

图 8-4 点击选择需要使用的执照　　　　**图 8-5 输入执照密码**

（5）点击"确认登录"，如图 8-6 所示，成功后回到电脑端操作。

图 8-6 点击"确认登录"

（6）点击"单位网上新参保登记"，如图8-7所示。

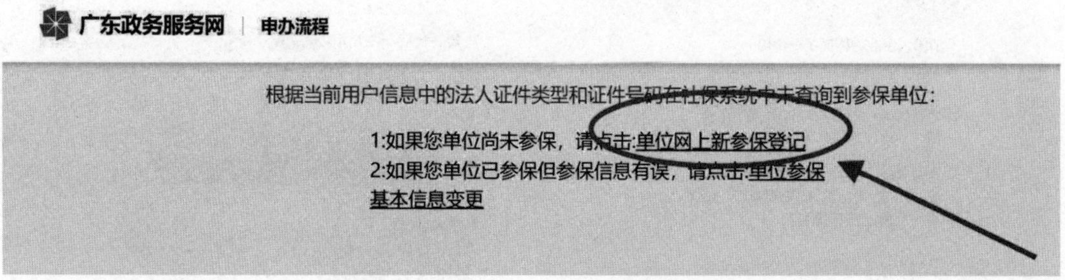

图8-7　点击"单位网上新参保登记"

（7）在此页面录入企业相关信息后，点击"申请登记"，如图8-8所示，提示登记成功即可。

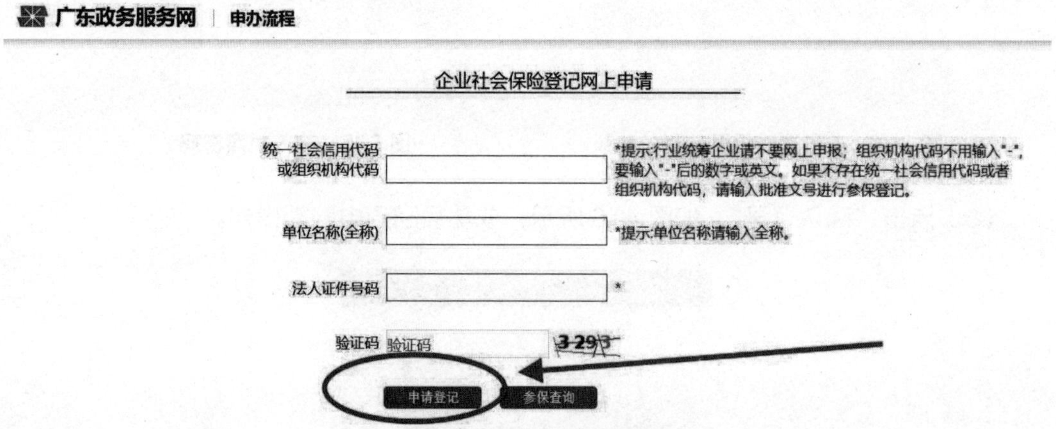

图8-8　点击"申请登记"

第九章　其他

《市场主体登记管理条例》施行以前，涉及市场主体登记管理的行政法规比较分散，有《中华人民共和国企业法人登记管理条例》《企业名称登记管理规定》《中华人民共和国公司登记管理条例》《中华人民共和国合伙企业登记管理办法》《企业法人法定代表人登记管理规定》《个体工商户条例》等，制度规则不统一，在市场主体登记事项、登记程序、监督管理、法律责任等方面差异较大，有的规定存在重叠，目前部分法规已废止失效。《市场主体登记管理条例》施行后，对这些行政法规进行了整合，对在中国境内以营利为目的从事经营活动的各类企业、个体工商户、农民专业合作社等市场主体的登记管理进行了统一规定。

一、登记事项和备案事项

以公司为例，登记事项主要有"名称；主体类型；经营范围；住所或者主要经营场所；注册资本或者出资额；法定代表人或者负责人姓名；有限责任公司股东、股份有限公司发起人的姓名或者名称"等内容。

将原来登记事项中的经营期限调整为备案管理，同时明确章程，有限责任公司股东或者股份有限公司发起人认缴的出资数额，公司董事、监事、高级管理人员，市场主体登记联络员等信息也实行备案管理。

《市场主体登记管理条例》还强调备案事项发生变更的，应当自作出变更决议、决定或者法定变更事项发生之日起 30 日内向登记机关办理备案。

二、简易注销登记程序

在前期市场监管总局开展企业简易注销登记改革试点工作的基础上，《市场主体登记管理条例》新增了简易注销登记相关程序，规定市场主体未发生债权债务或者已将债权债务清偿完结，未发生或者已结清清偿费用、职工工资、社会保险费用、法定补偿金、应缴纳税款（滞纳金、罚款），并由全体投资人书面承诺对上述情况的真实性承担法律责任的，可以按照简易程序办理注销登记。承诺书及注销登记申请通过国家企业信用信息公示系统公示，公示期为 20 日。在公示期内无相关部门、债权人及其他利害关系人提出异议的，市场主体可以于公示期届满之日起 20 日内向登记机关申请注销登记。同时《市场主体登记管理条例》也明确了不适用简易注销程序的情形：市场主体注销依法须经批准的，或者市场主体被吊销营业执照、责令关闭、撤销，或者被列入经营异常名录的，不适用简易注销程序。

三、虚假登记解决和处理程序

《市场主体登记管理条例》规定，提交虚假材料或者采取其他欺诈手段隐瞒重要事实取得市场主体登记的，受虚假市场主体登记影响的自然人、法人和其他组织可以向登记机关提出撤销市场主体登记的申请。对确实存在虚假市场主体登记情形的，将被撤销市场主体登记。因虚假市场主体登记被撤销的市场主体，其直接责任人自市场主体登记被撤销之日起 3 年内不得再次申请市场主体登记。

学习笔记

通过学习本部分内容，想必您已经有了不少学习心得，请仔细填写下来，以便继续巩固学习。如果您在学习中遇到了一些难点，也请如实写下来，方便今后重复学习，彻底解决这些难点。

我的学习心得：

1. _____

_____

2. _____

_____

3. _____

_____

我的学习难点：

1. _____

_____

2. _____

_____

3. _____

_____

第二部分

运营管理

阅读索引：

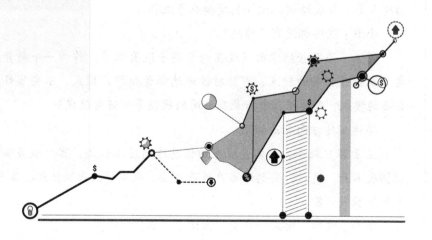

小B在老A的指导下，非常顺利地办好了公司注册及其之后与公司运营有关的事务。小B对老A非常佩服。因为有了老A的指点，真是事半功倍，所以小B继续来寻求老A的指导。

小B：老A，谢谢您的指导，公司注册非常顺利。我的公司可以正式运营了，但我还要向您请教，有您指点迷津，成功率更大。

老A：过奖了。公司已经正式营业了？

小B：是的，因为有以前的客户资源、业务资源，目前已经正式接单了。但我想，公司运营不是那么简单。

老A：是的，公司运营说简单也简单，说复杂也挺复杂的。企业运营管理是企业生存盈利的关键要素和各要素之间的逻辑关系，它决定着一个企业的市场经营成果；从长远来看，能否找到适合企业经营需要的企业运作模式并不断完善决定着一个企业能否有未来。

小B：是啊，要招人，招进来的人不一定适合岗位，还得培训；营销方面也要拓展，还有品牌宣传、客户服务，工作很多很杂。我天天忙得像陀螺一样地转，晚上觉也睡不好。

老A：经营公司不比打工，打工很单纯，做好手头负责的业务就好了，而开公司则要全面把控，若没有梳理、规划好，会很辛苦，而且没有效率和效益。

小B：是啊。怎么办呢？

老A：我问你，公司内部的领导分工、系统分工、部门工作职责、员工工作岗位职责等，你是否清楚？因为这是建立企业运营管理制度和运营流程的基础。如果不清楚，你必须先设计组织架构，明确部门和员工的职责，然后在此基础上招聘人员、开展培训，设计制度和业务流程。

小B：这些都没有运作呢？

老A：还有营销方面，现在的营销手段有很多，作为一个新开的公司，一定要了解新开公司的特点，有针对性地选择营销推广模式，不要盲目地跟风或学大企业的模式，而要根据本行业及公司的规模等做好营销规划。

品牌宣传方面也是如此。

至于客户服务，要知道现在的信息透明度比较高，客户服务不好，公司业务就拓展不开。所以，要创新客户服务方法，也要建立客服团队，客户服务应规范，无规矩不成方圆。

小B：哎呀，听君一席话，胜读十年书！

老 A：先别急"哎呀"，这些业务里面的细节很多，我给你一份资料，你先好好研读，然后落实到具体行动中。希望你下次见我的时候，企业的一切运作都走上正轨，你也睡得着了。

小 B：好的，大恩不言谢！

老 A：对于初创公司来说，如何进行有效的经营是创业者所面临的一大难题。公司想发展下去，与管理者的经营有着密不可分的关系，我建议你看看下面的内容，对公司运营管理有个基本的认知。

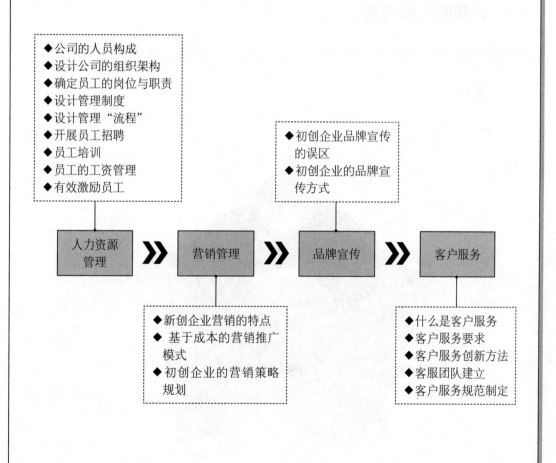

备注：老 A——专业人士，小 B——新手小白；通过老 A 和小 B 的对话，引入本部分公司运营管理应知应会的一些知识。

第十章　人力资源管理

新成立一家公司，需要解决办公场所、营业执照、人员引进、人员培训的问题等，而这一切都需要"人"来做。所以，人力资源管理在公司成立之初，就体现出了举足轻重的作用。

一、公司的人员构成

公司的人员通常由以下几部分构成：老板、合伙人、员工、顾问。

（一）老板

老板是一个企业的核心（见图10-1）。

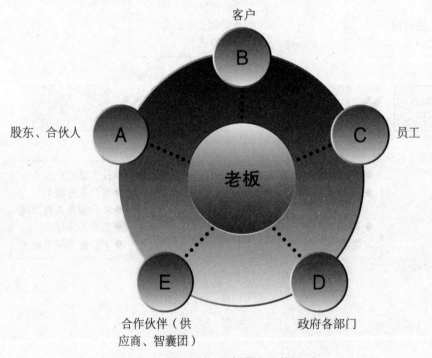

图10-1　老板是企业的核心

1. 老板的职责

（1）开发创意，制订目标和行动计划。

（2）组织和调动员工实施行动计划。

（3）确保企业达到预期的目标。

2.老板的能力

（1）用人（经营管理）能力。

老板需具备一种重要能力，即用人（经营管理）能力。老板需耐心地发现、指导、授权他人来完成更多的工作，用他人的时间来倍增自己的时间，这才是老板最应该做的事情，而不是老板亲自去做具体工作。

（2）强化经营理念。

①经营好自己。

②经营好家庭。

③经营好顾客。

④经营好员工。

3.制订企业计划时老板要考虑的因素

（1）自己的经营能力。

（2）明确自己要做的工作。

（3）哪些工作自己既无时间又无能力去做？

（4）是否要聘任一些员工，要求是什么？

相关链接

老板类型

工匠型：把大量时间花在制造产品或提供服务上，在管理上花的时间少。

英雄型：由于雇员管理水平低，老板担当着"全能冠军"的角色。

干预型：招聘了人才，但又不能放手让下属进行日常管理，充当指导者的角色。

策略家：把约 1/3 的时间用于日常管理，其余时间用来激励、发展队伍及考虑企业的发展战略。

（二）企业合伙人

1.为什么要找合伙人

找合伙人共同经营企业，一般是基于以下几方面原因：

（1）缺少资金。

（2）缺少技术或技能。

（3）没有销售能力或渠道。

（4）缺乏管理能力。

（5）分担风险等。

2.合伙的优势和劣势

合伙的优势和劣势如表 10-1 所示。

表 10-1　合伙的优势和劣势

优势	劣势
（1）资金增大 （2）分工合作技能互补 （3）增强信心并分担责任	（1）利益分割 （2）意见不统一延误决策时机 （3）合伙人破产，债主有权取得合伙企业中的份额

3.怎样慎重选择合作伙伴

（1）了解人品。

（2）在一起工作过至少 1 年。若不了解合伙人的人品和个性，当经营出现亏损时，会相互埋怨、引起纠纷。

（3）他必须是个实在而且能踏实干事、有责任心的人。你可以把优秀的员工变成合伙人。

（4）他考虑更多的是大局和共同的利益，而非其个人利益。他不具备那种能损害企业利益的劣根性。

（5）要性格互补、能力互补、财力互补。

4.企业合伙人如何相处

（1）设置合理的股权结构。

（2）相互之间的交流一定要透明、诚恳。己所不欲，勿施于人。

（3）先小人，后君子。亲兄弟，明算账。凡事勤立规矩，按照商业法则处事。

（4）签订书面协议，分工明确。

（5）合作犹如谈恋爱，宽容其短，欣赏其长。

（三）员工

1.怎样考虑招聘员工

老板没有时间和能力把全部工作做完，所以需要招聘员工。那么，招聘员工时要考虑哪些问题呢？

（1）参照企业构想，把工作清单列出来。

（2）明确哪些工作需要人做，以岗定人。

（3）详细说明员工所需技能和其他要求，制作岗位说明书。

（4）决定完成每项工作所需的人数，以量定人。

2. 如何造就好员工

好员工是资产，他能为你赚钱创造财富。真正优秀的员工是免费的。

$$员工成本=员工的收入-员工的绩效$$

一个员工在成为优秀员工之前，也需要老板持续地投入时间、精力、金钱，还有爱。

二、设计公司的组织架构

组织架构是公司运行的基础，是公司实施日常管理赖以进行的载体。新成立的公司，首先需要明确公司的组织架构、明确部门、设置岗位、进行岗位职责的设计等工作，让各岗位的人员各司其职，更好地开展工作。

（一）建立组织架构的好处

组织架构图的作用如图 10-2 所示。

作用一	（1）可以显示其职能的划分 （2）让员工非常清晰地看出自己的上升空间，从而激励员工提高工作的积极性和主动性
作用二	（1）可以知道其权责是否适当 （2）拥有什么样的能力的人可以胜任此职位，做到"职对位"，有效利用人力资源
作用三	（1）可以看出该人员的工作负荷是否过重 （2）多大的工作量需要几人来做，做到工作的量化
作用四	（1）可以看出是否有无关人员承担几种较松散、无关系的工作 （2）让工作效率最大化
作用五	（1）可以看出是否有让有才干的人没有发挥出其才能的情形 （2）让人力资源发挥最大的作用
作用六	（1）可以看出有没有让不胜任此项工作的人担任重要职位 （2）做到"职对位"，使人力资源发挥最大的作用

图 10-2　组织架构图的作用

（二）如何建立组织架构

组织架构图并不是一个固定的样式，关键要考虑是否符合公司发展战略的需要，组织架构是为了实现战略效果而将相关工作进行划分，因此要根据企业具体情况制作具体的个性组织架构图。

　　企业要根据具体情况（如部门的划分、部门人员职能的划分）制作具体的、整体的、个性的组织架构图，各个部门也要制作部门的、具体的、细分的组织架构图。

　　企业组织架构的主要类型有以下几种。

1. 直线制

　　直线制是企业发展初期一种最简单的组织架构，如图 10-3 所示。

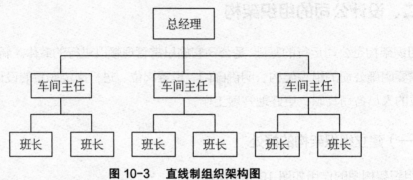

图 10-3　直线制组织架构图

　　（1）特点。领导的职能都由企业各级主管一人执行，上下级权责关系呈一条直线。下属单位只接受一个上级的指令。

　　（2）优点。结构简化，权力集中，命令统一，决策迅速，责任明确。

　　（3）缺点。没有职能机构和职能人员当领导的助手。在规模较大、管理比较复杂的企业中，主管人员难以具备足够的知识和精力来胜任全面的管理，因而不能适应日益复杂的管理需要。

　　这种组织架构形式适用于产销单一、工艺简单的小型企业。

2. 职能制

　　职能制组织架构与直线制恰恰相反。它的组织架构如图 10-4 所示。

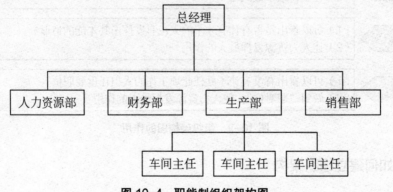

图 10-4　职能制组织架构图

（1）特点。企业内部各个管理层次都设职能机构，并由许多通晓各种业务的专业人员组成。各职能机构在自己的业务范围内有权向下级发布命令，下级都要服从各职能部门的指挥。

（2）优点。不同的管理职能部门行使不同的管理职权，管理分工细化，从而能大大提高管理的专业化程度，能够适应日益复杂的管理需要。

（3）缺点。政出多门，多头领导，管理混乱，协调困难，导致下属无所适从；上层领导与基层脱节，信息不畅。

3. 直线职能制

直线职能制吸收了以上两种组织架构的长处而弥补了它们的不足。它的组织架构如图 10-5 所示。

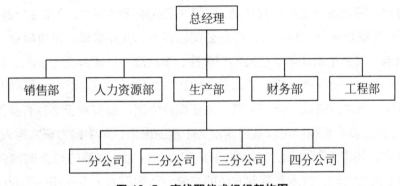

图 10-5　直线职能式组织架构图

（1）特点。企业的全部机构和人员可以分为两类：一类是直线机构和人员；另一类是职能机构和人员。直线机构和人员在自己的职责范围内有一定的决策权，对下属有指挥和命令的权力，对自己部门的工作要负全面责任；而职能机构和人员则是直线指挥人员的参谋，对直线部门下级没有指挥和命令的权力，只能提供建议和在业务上进行指导。

（2）优点。各级直线领导人员都有相应的职能机构和人员作为其参谋和助手，因此能够对本部门进行有效的指挥，以适应现代企业管理比较复杂和细致的特点；而且每一级又都是由直线领导人员统一指挥，遵循了企业组织的统一领导原则。

（3）缺点。职能机构和人员的权利、责任究竟应该占多大比例，管理者不易把握。

直线职能制在企业规模较小、产品品种简单、工艺较稳定又联系紧密的情况下，优点较突出；但对于大型企业，产品品种或服务种类繁多、市场变幻莫测，其就不适应直线职能制了。

4. 事业部制

事业部制是目前国外大型企业通常采用的一种组织架构。它的组织架构如图 10-6 所示。

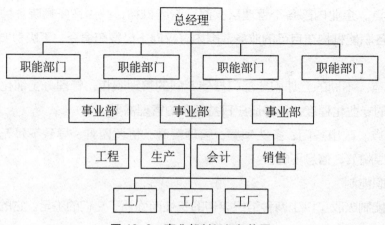

图 10-6 事业部制组织架构图

（1）特点。把企业的生产经营活动，按照产品或地区的不同，分别建立经营事业部。每个经营事业部就是一个利润中心，在总公司领导下，独立核算、自负盈亏。

（2）优点。有利于调动各事业部的积极性，事业部有一定经营自主权，可以较快地对市场作出反应，一定程度上增强了适应性和竞争力；同一产品或同一地区的产品开发、制造、销售等一条龙业务属于同一主管，便于综合协调，也有利于培养有整体领导能力的高级人才；公司最高管理层可以从日常事务中摆脱出来，集中精力研究重大战略问题。

（3）缺点。各事业部容易产生本位主义和短期行为；资源的相互调剂会与既得利益发生矛盾；人员调动、技术及管理方法的交流会遇到阻力；企业和各事业部都设置职能机构，机构容易重叠，且费用增大。

事业部制适用于企业规模较大、产品种类较多、各种产品之间的工艺差别较大、市场变化较快及要求适应性强的大型联合企业。

5. 矩阵制

矩阵制组织架构如图 10-7 所示。

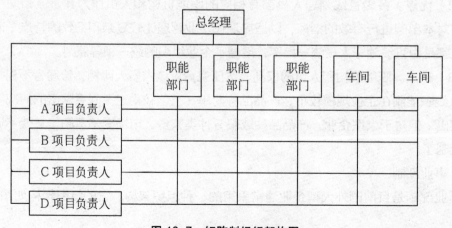

图 10-7 矩阵制组织架构图

（1）特点。既有按照管理职能设置的纵向组织系统，又有按照规划目标（产品、工程项目）划分的横向组织系统，两者结合，形成一个矩阵。横向系统的项目组所需工作人员从各职能部门抽调，这些人既接受本职能部门的领导，又接受项目组的领导，一旦某一项目完成，该项目组就撤销，人员仍回到原职能部门。

（2）优点。加强了各职能部门间的横向联系，便于集中各类专门人才加速完成某一特定项目，有利于提高成员的积极性。在矩阵制组织结构内，每个人都有更多机会学习新的知识和技能，因此其有利于个人发展。

（3）缺点。由于实行项目和职能部门双重领导，当两者意见不一致时令人无所适从；工作发生差错也不容易分清责任；人员是临时抽调的，稳定性较差；成员容易产生临时观念，影响正常工作。

它适用于设计、研制等创新型企业，如军工、航空航天工业的企业。

三、确定员工的岗位与职责

建立和健全岗位责任制，必须明确任务和人员编制，然后才有可能以任务定岗位，以岗位定人员，责任落实到人，各尽其职，达到事事有人负责的目标，改变以往有人没事干、有事又没人干的局面，避免苦乐不均现象的发生。

（一）确定职责范围

按照职责重要性依次列出每项职责及其目的，是职责范围的精确描述。要按照职责的重要程度来填写，重要的放在前面，次要的放在后面。基层工作人员的职责可能两至五项，中层人员可能五至十项，高层人员可能十几项。

（二）明确负责程度

应承担的责任包括全部责任、部分责任和支持责任。明确负责程度就是要明确负什么样的责任，是负全部责任，还是负部分责任或支持责任。

1. 全部责任

在同一个级别上没有其他人负全部责任，只有你负责，那么这个责任叫全责。

纵向可能有两个职位都负全责，横向不允许有两个岗位同时负全责。比如人力资源部经理，对员工管理、薪酬管理、培训管理、考核管理都是负全责的。下属所负的全责之和应该和上级部门经理所负的全责一致。

2. 部分责任

大家需要配合，或者责任有交叉，这时候是部分责任。比如培训专员负主责，但是员工管理者也要负部分责任，因为他负责筛选这些员工，哪些员工需要培训，他负有部分责任。

3. 支持责任

比如企业的生产管理部有部长，有负责计划的，负责调度的，负责统计的，那么负责统计的人员对生产管理调度计划有支持责任，因为统计资料要提供给其他几个人看。

制作岗位说明书的时候，支持责任不要太多。一个人负责很多支持责任，就会造成相互之间的矛盾。

（三）明确考核评价标准

考核就是从数量和质量上来检测职责的履行情况。只有明确了考核评价标准，评价工作才能更科学有效地进行。

四、设计管理制度

制度不仅是公司日常运营的有力保障，而且能为公司的未来发展做好铺垫。为了让员工在公司这个平台上更好地工作，有必要让每个员工了解一些基本的人事管理方面的规章制度，如《员工手册》《考勤管理办法》《薪资福利管理办法》《员工档案管理办法》《职业发展管理办法》《员工绩效考核管理办法》等，以便于员工在开展工作的时候，能够做到"有法可依"，并且清楚自身的定位和职业发展方向。

制度制定之前要考虑到实际的情况，制定之后要遵守，包括老板在内的人都要遵守制度，否则出现问题以后，就很难处理了。

（一）员工手册

员工手册是企业规章制度、企业文化与企业战略的浓缩，是企业内的"法律法规"。它是员工了解企业形象、认同企业文化的渠道，也是员工工作规范、行为规范的指南。员工手册通常由以下几部分组成：

1. 手册前言

手册前言对这份员工手册的目的和效力给予说明。

2. 公司简介

公司简介使每一位员工都对公司的过去、现状和文化有深入的了解。此部分可以介绍公司的历史、宗旨、客户名单等。

3. 手册总则

手册总则一般包括礼仪守则、公共财产、办公室安全、员工档案管理、员工关系、客户关系、供应商关系等条款。这有助于保证员工按照公司认同的方式行事，从而达成员工和公司之间的彼此认同。

4. 培训开发

一般新员工上岗前均须参加公司统一组织的入职培训；员工还需参加公司不定期举行的各种培训，以提高业务素质及专业技能。

5. 任职聘用

任职聘用说明任职开始、试用期、员工评估、调任以及离职等相关事项。

6. 考核晋升

考核晋升一般分为试用转正考核、晋升考核、定期考核等。考核评估内容一般包括指标完成情况、工作态度、工作能力、工作绩效、合作精神、服务意识、专业技能等。考核结果为优秀、良好、合格、延长及辞退。

7. 员工薪酬

薪酬是员工最关心的问题之一。应对公司的薪酬结构、薪酬基准、薪资发放和业绩评估方法等给予详细的说明。

8. 员工福利

此部分阐述公司的福利政策和为员工提供的福利项目。

9. 工作时间

此部分使员工了解公司关于工作时间的规定，往往和费用相关。基本内容是：办公时间、出差政策、各种假期的详细规定以及相关的费用政策等。

10. 行政管理

行政管理多为约束性条款，如对办公用品和设备的管理、每个人对自己工作区域的管理、奖惩、员工智力成果的版权声明等。

11. 安全守则

安全守则一般分为安全规则、火情处理、意外紧急事故处理等。

12. 手册附件

手册附件是指与以上各条款相关的或需要员工了解的其他文件，如财务制度、社会保险制度等。

（二）其他制度

其他制度包括员工行为规范、考勤制度、请假方式、奖惩制度、体检制度、仪容仪表制度等。

五、设计管理"流程"

部门各项工作的开展，离不开各个管理"流程"。我们有必要把顺畅的、科学的东西通过流程固定下来，如假期的申请和审批、入职和离职的程序等，为提升工作效率、促进公司人力资源的规范化管理奠定坚实的基础。

（一）什么是流程

关于流程，不同的人有不同的说法。有人认为，流程就是程序。其实，"流程"和"程序"是两个互相关联，但并不等同的概念。

"程序"可以体现出一件工作中，若干个作业项目哪个在前、哪个在后，即先做什么、后做什么。

"流程"除可以体现出先做什么、后做什么之外，还可以表示出每一项具体任务由谁来做，即 A 项工作由谁负责，B 项工作又由谁来负责。流程使若干个作业项目或者若干个工作环节，以及它们的责任人和责任人之间的相互关系一目了然地表述出来，而程序则无法做到这一点。

（二）流程图绘制前的准备工作

对企业目前存在的问题进行诊断与分析，找出问题的关键所在。对于企业这些关键的、亟待解决的问题，需要首先着手建立流程，我们将其称为"关键流程"。

选择"关键流程"时，主要从以下三方面着手：

（1）绩效的低下性（效率低、效益低）；

（2）地位的重要性（针对有关问题进行流程设计后，对企业有着重要影响）；

（3）实施的可行性（容易落实、容易见效）。

（三）流程图绘制的原则

流程图绘制应遵循的三项原则如图 10-8 所示。

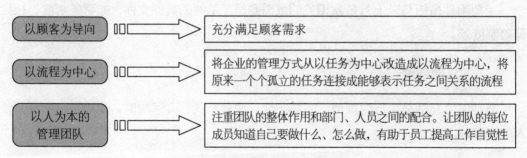

图 10-8　流程图绘制的三项原则

（四）流程图的三级

流程图通常可分为一级、二级和三级，如图 10-9 所示。

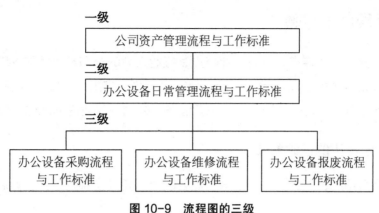

图 10-9 流程图的三级

一级流程图——公司级的流程图，如公司资产管理流程与工作标准。

二级流程图——部门级的流程图，如办公设备日常管理流程与工作标准。

三级流程图——职能部门内具体工作的流程图，如办公设备采购流程与工作标准、办公设备维修流程与工作标准、办公设备报废流程与工作标准。

（五）流程图的绘制

流程图有很多种类型，目前多数企业采用"矩阵式流程图"（见图 10-10），这也是国际上通用的一种流程图形式。这种流程图分成纵、横两个方向，纵向表示工作的先后顺序，横向表示承担该项工作的部门和岗位。该流程图既告示了先做什么、后做什么，又让相关人员明白其工作由谁负责。

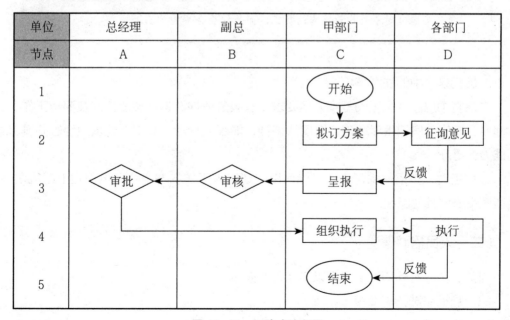

图 10-10 矩阵式流程图

六、开展员工招聘

新公司应分析行业特点，针对行业特点、行业人才的分布及人才的求职模式，选取合适的招聘方式；分析公司现状，明确公司的优劣势，突出公司能够吸引人员的特点，做好各项准备工作，如公司情况介绍、主营业务、公司在行业内的地位、股东背景等。

（一）确定员工的任职条件

要想招到合适的员工，首先要了解所需要的员工要具备哪些条件，然后依据这些条件去招人。

1. 员工任职条件的内容

员工任职条件的内容如图 10-11 所示。

员工自身的素质标准

（1）要有健康的身体
（2）要有良好的职业道德素质
（3）具有忠诚心、责任心、同情心、宽容心
（4）要有良好的沟通、协调能力
（5）要有团队合作意识和适应环境能力

员工的技能标准

要有较强的专业技能（一专多能），也就是要具备能够胜任工作的能力

图 10-11　员工任职条件的内容

> **特别提示**
>
> 员工招聘有时不是找最优秀的员工，而是找最合适的员工。

2. 员工素质中的注意事项

在招聘中应注意员工的基本素质要求：有服务精神、工作态度良好及渴望工作、身体健康、无传染病和生理缺陷，有团队精神、能服从管理、有本行业从业经验并具有学习能力者更好。

在招工时，多招熟练工人。其除可以快速进入工作状态令公司迅速走上正轨之外，还能顺带培训其他新手。

（二）人员招聘渠道

目前，企业对外招聘主要有以下两种方式：

（1）店面张贴招聘海报；

（2）在媒体上发布招聘信息。

（三）人员招聘实施

1. 写招工启事

招工启事一定要说明用工政策，其包括了工资待遇、食宿、休假等日常问题。这里给出一个汽车美容店的招工板供大家参考。

招工启事

急招：汽车美容洗车工_____名（男女不限）

待遇工资：_____元，加提成_____，合计_____元以上

　　　　　包吃包住，食三餐，每人每天标准伙食_____元

住宿：集体宿舍（电视空调房）

工作时间：8:30～18:30，每月工作26天

试工时间：3天

工作地点：××市××区

联系电话：×××××××（8:30～18:30）

---

2. 人员面试

应聘者通常需填写"面试人员登记表"。企业面试员工时，不仅要看他们的技能，还要看他们的态度，可以针对下列问题提问应聘人员：

（1）你原来在哪里工作，具体做什么工作？

（2）你为什么想来本企业工作？

（3）你希望得到什么职位？

（4）你认为你有哪些长处和弱点？

（5）你怎么支配业余时间，有什么兴趣爱好？

（6）你喜欢和别人在一起工作吗？当有人对你态度不好时，你会怎么反应？

3. 录用报到

如有录用意向，应电话通知应聘者，确定报到日期。通知的内容应包括录用职位、工资标准和报到时应带的身份证明及当地相关规定要求的其他证明。

4. 签订合同

新员工报到后，应及时为员工办理入职登记和签订劳动合同。

5. 新员工的试用期

新员工有1～3个月的试用期。通常，管理人员和接待员试用期为3个月，普工试用期为1个月，技术岗位员工试用期可视人员技能情况而定。

（四）员工配对组合

配对组合也就是员工生手和熟手搭配。比如，企业招收了 10 个人，其中生手和熟手员工各有 5 人，那么就应该安排一个熟手带一个生手，不用一个星期，生手员工就能很快适应并独立工作了。企业可以通过观察生手员工的独立操作水平，看出哪些人是真正用功去学习了，哪些人是混日子的。如果发现有偷懒者，第一时间就应该给出警告，如果他想留下工作，就必须用功去学、主动去干，否则就得离开。

七、员工培训

（一）员工培训的内容

1. 应知应会的知识

这些知识主要是员工要了解的企业的发展战略、企业愿景、规章制度、企业文化、市场前景及竞争；员工的岗位职责及本职工作基础知识和技能；如何节约成本，控制支出，提高效益；如何处理工作中发生的一切问题，特别是安全问题和品质事故等。

2. 专业技能培训

技能是指为满足工作需要必备的能力，而技巧是要通过不断的练习才能得到的，熟能生巧，像打字，越练越有技巧。企业高层干部必须具备的技能是战略目标的制定与实施，领导力方面的训练；企业中层干部的管理技能是目标管理、时间管理、有效沟通、计划实施、团队合作、品质管理、营销管理等，也就是执行力的训练；基层员工是按计划、流程、标准等操作实施，完成任务必备能力的训练。

3. 服务教育

所谓服务教育，是以掌握顾客内心活动作为教育的中心，但在实施中若总是重复同样的内容，对员工就不会有任何意义。

因此，如果能将技术培训和服务教育同时进行，即在服务中有技术，在技术中展现服务，才能提高实际的效益。教育培训并不是以教育为目的，归根结底是为了开发员工的潜力，提高他们的服务水准，从而获得客户的好评。

4. 态度培训

态度决定一切！员工的态度决定其敬业精神、团队合作、人际关系和个人职业生涯发展，决定其能否建立正确的人生观和价值观，塑造职业化精神。

（二）员工培训的控制

为确保员工能积极地参加培训并产生培训效果，管理者可从以下几个方面进行控制：

（1）制定员工培训记录表。针对每个员工的状况进行分析，找出其弱项，有针对性地提供培训。

（2）对员工培训进行考核，并将考核结果纳入绩效奖金的范围。

（3）员工受训后要对员工进行现场跟踪指导，有进步的及时表扬，做得不对的及时纠正。

（4）保存员工的培训记录。

（5）利用阴雨天或者业务不繁忙的时候开展培训。

这里提供一个某汽车美容店的员工培训记录表模板（见表10-2）供大家参考。

表 10-2 员工培训记录表

受训员工姓名： 　　　　入职时间： 　　　　　职位：

过去在这四个方面工作表现：

1. 操作技术：
2. 服务态度：
3. 服务行为：
4. 推销技术：

培训与考核安排：

培训类别	培训项目	培训时间	指导人员签名	考核人员签名
操作技术培训	洗车			
	洗车内			
	吸尘			
	去柏油			
	手工打蜡			
	……			
服务态度培训	精神状态			
	主动性			
	思想状态			
	……			
服务行为培训	微笑接待			
	现场速度			
	几位顾客在场的处理			
	礼貌用语			
	形象仪态			
	……			

培训类别	培训项目	培训时间	指导人员签名	考核人员签名
推销技术培训	替代项目选择			
	替代项目表达			
	现场动作分解			
	价格的解释			
	竞争对手解释			
	本店优势表达			
	本店劣势回答			
	刁难顾客的处理			
	说服不了的顾客的处理			
	顾客异议的处理			
	……			

员工受训后要对员工的受训效果进行评价，并将评价结果填入"培训实施情况记录表"（见表 10-3）。

表 10-3　培训实施情况记录表

培训名称		培训时间	
培训地点		培训教师	
培训主要内容			
考核方式			

序号	姓名	部门	职务	考核结果	备注

培训有效性评价：

评价人／日期：

注：有效性评价可在培训一段时间后进行。

八、员工的工资管理

公司应按照员工的职位、岗位、工作资历、工作能力等情况制定工资标准，为激励员工，公司每年都要对工资进行一定幅度的上调。当员工在公司连续工作满一定年限后，应按月在其原有工资的基数上增长一定的数额。这个工作年限一般定为 1 年为宜，具体的增长数额可以根据公司经营业绩、员工的工作时间长短、员工的工作岗位、员工职位高低及以往工作表现等确定。一般技术类岗位的员工工资增长数额，在工作时间相同的情况下应比其他岗位的员工高一些，职位高的员工工资增长数额应高于职位低的员工。

每到月底须做好统计工作，分析员工个人对公司的收入贡献率，如有多劳多产者，相应提高其工资待遇，对末位者需要警告提示，因为其极有可能是偷懒者，必要时可以解雇，解雇工作消极的员工可以提高团队的整体素质。

九、有效激励员工

（一）奖惩分明

对于业绩突出的员工要进行奖励，对于工作中出现差错的员工要进行处罚，做到奖惩分明。公司对员工进行奖励的形式主要有奖金奖励、荣誉奖励等。奖金奖励分为定期奖励和临时奖励，定期奖励一般在月末、年末进行，在月度考核或年终考核中，员工达到优秀级别、良好级别的评定结果的，应根据公司的盈利状况给予奖金奖励，并在员工会议上点名表扬，年终奖励应颁发荣誉证书。这一方面是给予员工与其劳动付出相对等的报酬，另一方面可以大大提升被奖励员工的忠诚度，同时激励后进员工努力工作。

> **特别提示**
>
> 即使公司经营出现亏损，只要员工在考核中获得优秀或良好的评定结果，也应该奖励，这种情况下奖励的数额可以少一点。

（二）晋升激励

为培养懂技术、会管理的人才，激发员工积极向上的意识，公司应建立晋升激励制度。这项制度旨在通过给员工设定一个目标，只要员工努力工作，经考核达到晋升的条件，即可晋升到更高一级的职位上，既实现公司的经营目标，也实现员工的个人理想。具体做法是将每一个岗位分成一至三个职级，只要员工在较低的职级上工作满 1 年或半年，经考核获得优秀，就可直接升任高一级的职级，考核评定为良好的员工可以晋升半级，累计两次评定为良好可升任一级。连续3年晋升一级的员工则可以升任该部门的副职，如果在部门副职的岗位上连续3年晋升一级，则被任命为该部门的主管。

（三）股份激励

用高薪在经营良好的竞争对手中挖一两个人才，给予一定的权力，他可以为企业做许多事，远比自己摸索调教人才要有效，尤其在刚刚起步的时候有助于企业快速成长。好的员工可以为企业留客聚客，糟糕的员工会把客户赶走，让企业破产。为了留住优秀的员工，企业可以与优秀的员工分享每一笔收入，也就是提成和分红，甚至在初期把个别业务承包给优秀的员工，他会全心全意为企业服务。

第十一章　营销管理

对于新创企业的营销管理，要有别于成熟企业的管理，新创企业有其自身的特点。对于创业者来说，其从事的是新的事业，面临的是一个全新的挑战。没有前人经验可以借鉴，前进路上充斥着不确定，企业的目标也不明确。所以，新创企业首要任务是要让企业活下来，这时营销管理就显得十分重要。企业只有顺利地通过了创业期，才可能会有今后的发展壮大，才可能走向成熟期。

一、新创企业营销的特点

（一）创业初期以企业生存为主要目的

创业初期是以生存为首要目标的行动阶段。为了企业的生存，就要在很短的时间内让消费者了解企业的产品和服务。充分利用现有销售的一切手段，通过线上或线下开展一些有针对性的销售活动，哪怕是亏钱也要让企业产品或服务被消费者使用，在使用过程中了解企业的产品或服务，只有好的产品或服务，才能打动真正的消费者，在企业与消费者之间建立起良好的信任关系。

（二）创业初期以创造客户为主要目的

初创企业优质产品或服务只有被消费者接受，有了良好的信任关系才能创造真正的客户。没有客户，也就不会有企业的存在，企业是依赖客户而存在的。创业初期的企业要以创造客户为主要目的，有了客户，才有可能为企业带来销售额，从而产生利润。

（三）企业逐渐成熟并不断规范销售行为

创业初期的企业为了销售企业产品或服务，会采用一些过激的行为，如提供免费使用、打折促销、低于成本价销售等方式来获得客户，但此阶段随着销售额的提升企业的利润并没有提升，有时反而会下降，这些过激行为不能长期坚持。因此，当企业逐渐成熟，客户积累到一定量时，就要规范企业的销售行为，对于不能为企业带来利润的一些销售方式要及时调整，否则卖得越多亏得越多。

（四）企业从销售过程到营销过程的转变

规范企业的销售行为的同时，也要对各种资源和客户进行管理。这时就要把企业行为从销售转向营销。销售是以销售现有产品为中心，更注重如何利用广告、公关、实物展示等吸引客户，进而增加销售量。营销是以满足目标顾客的需求为中心，所以更加注重整体形象的推广以及对市场的研究。营销主要是价格、产品、促进销售、营销渠道、公共形象、公共关系和公共权力等营销组合策略的整体运用，通过满足客户的需求来获取利润。

二、基于成本的营销推广模式

营销成本往往占据着发展期企业总成本的很大一部分。尤其对于一些想要快速实现宣传曝光的品牌，投入营销中的预算更是一笔不小的数目。然而对于一些初创公司来讲，没有背后的资本力量支持，想要依赖自身实现品牌的快速推广曝光无疑是一大难题。

（一）低成本：品牌宣传

作为初创公司，其资金预算往往比较紧张，要想在网络上推广自己的公司，可以选择低成本的品牌宣传，比如在各大搜索引擎上注册一个关于公司的百科词条，将公司的文化理念、发展愿景、产品服务等罗列上去，让消费者有一个初步认知。

如果想进一步提升公司品牌形象，可以做一些口碑问答，注册几个账号，在各平台上以一问一答的形式，将公司的产品或服务植入进去，同时可以邀请第三方回答，对负面的评论也可以进行主动删除等操作。

品牌宣传是初创企业进军互联网平台的第一步，一定要打好根基，不求全网铺设但求口碑质量。

（二）中低成本：短视频推广

短视频的崛起，是大众有目共睹的。作为初创企业，其可以经营一两个短视频账号，前提是制定好公司的发展规划，明确要推出的产品或服务。先养号涨粉后推广运营，根据公司的行业特性适当地加入直播，这是短视频推广的基础。要想走高端的线上引流和精准获客，就需要成熟的运营团队来操作。

短视频推广目前有 SEO（搜索引擎优化）推广和竞价推广两种商业模式，相比于品牌宣传，成本高出一截，公司想自己独立经营账号吸引流量，难度很大且用时较长，并且短视频推广的同行截流、同城爆客、关键词排名等功能，都是企业自身运营所不能实现的。想尽快打造企业品牌，建议选择专业的互联网运营公司负责。

（三）高成本：全网整合营销

全网整合营销，顾名思义，就是全网铺设，既包括传统的百度、360 等搜索引擎推广，也包括新媒体短视频等流量之王的推广。根据企业的发展定位，量身定制属于初创企业自身的全网营销方案，快速传播企业的品牌，树立良好的口碑，引流更多的精准客户。全网整合营销的优点是覆盖面广、传播速度快、展现率高，缺点自然是成本较高。在竞争日益加大的环境下，对于有一定实力的初创企业，全网整合营销将是一种砥砺前行的推广模式。

三、初创企业的营销策略规划

（一）客户画像和定位是基础

在开始考虑营销策略之前，需要搞清楚公司产品品牌的基础信息，为后续的品牌传播打下坚实的基础。这是许多初创公司会忽视的一步，加上缺乏对用户研究和市场需求的调研，这可能是 90% 的初创公司失败的原因。

在规划营销策略之前要弄清楚一些基本问题：

（1）公司产品的客户是谁？需要定义清楚目标受众。在目标受众中，需要进一步确定不同类别的客户画像。

（2）公司在帮助客户解决哪些问题？提供解决方案的挑战是什么？将这些问题定义好，将决定公司营销信息是否与客户产生共鸣。

（3）公司如何帮助客户？在讨论完公司的客户是谁，他们的问题是什么之后，就要谈到如何解决这些问题。

一旦公司对以上问题有了答案，那么制订一个好的营销计划就会更加轻松容易，能够更加有效地与客户产生共鸣。

（二）营销策略的框架

以下介绍初创公司制定的营销策略的框架，可以将其视为公司扩展业务过程中的基础。

1. 优化公司的网站

为了实施企业的营销策略，需要关注的第一件事是优化企业的网站。

（1）搜索引擎优化。

优质的 SEO、专为转化而设计的登录页面以及用于增加流量和建立信任的内容，这些都将会使公司的网站成为一个优秀的营销工具。

企业在创业开始的时候就关注 SEO，将在之后获得回报。SEO 重要的是要知道潜在客户正在寻找哪些关键词，可以将这些关键词应用到公司的网站和内容中去，这样可以提高公司网站的排名。

不断优化企业的网站可以产生更多的潜在客户。一旦访问者登录公司的网站，需要引导他们采取下一步行动，可提供有价值的东西来激励访问者留下他们的联系方式。例如，可以提供下载白皮书或提供免费使用的服务，这将帮助公司获取客户信息，这样在后续的工作中可以联系到潜在客户，并通过自动化或个性化的方式将他们培养到公司的销售渠道中去。

（2）提供优质内容。

有数据显示，B2B 客户在决定购买之前平均会获取企业提供的 13 条内容信息。

为了与公司潜在客户建立信任，可以在网站上发布有价值的内容来展示公司的专业知识以建立可信度。此外，增加外部网站上的内容也是提高流量和曝光率的一种经济高效的方式。

2. 实施社交媒体营销策略

当公司网站运营进入正轨，社交媒体就是下一个要征服的目标领域。当前的互联网中国流量渠道众多，面对选择时很容易让人不知所措，那么，初创公司应该从哪里开始呢？

（1）选择正确的渠道。

在选择渠道之前要明确公司的目标受众喜欢在哪里上网。如果目标是"Z 世代"，那么 TikTok 可能就是公司的最佳选择。如果公司的业务主要是销售 B2B 产品，那么 LinkedIn 则可能是一个更好的渠道。公司需要结合产品特性，了解不同渠道的特性，有针对性地选择，这样才能避免在投资回报率低的渠道上花费大量的时间。

（2）提供价值。

在选定渠道之后，就要考虑发布什么内容了。社交媒体上提供的内容更多是提供价值和帮助而不是销售，是要与客户建立链接而不是推广。因为在社交媒体中，人们倾向于过滤和屏蔽掉各类硬广告。根据公司产品和目标受众，瞄准具有教育性、启发性或娱乐性的内容。

（3）与受众多多互动。

社交媒体之所以被称为社交媒体，是因为其不是一个单向交流的平台，成功的关键之一是互动。尽量快速地回复问题和评论，与行业中有影响力的人进行互动，为创业公司建立关系和知名度。

3. 培养早期使用者

（1）设计推荐机制。

公司都希望看到的营销效果是，客户快乐开心地将产品推荐给身边的其他人。这是最值得信赖、最有效、成本最低的营销类型。

所以，公司可以从开始阶段就设计推荐机制，如给推荐新用户的老用户提供奖励。

（2）利用好客户的案例故事。

研究表明，91% 的人会阅读客户评论。可以将精心编写的客户案例故事制作成最具影响力的营销内容之一，并且可以在销售漏斗的所有阶段加以利用。

尽早开始并收集满意客户的故事，然后编写客户案例，描述公司产品如何帮助他们解决问题。

上面这三个基本的营销策略可构成一个框架。但是，这个框架并不是一成不变的，需要依据公司业务增长不断调整和扩展它。

（三）营销规划的实验、评估和迭代

在为初创公司制定营销规划时，请准备好不断实验、评估和迭代。

1. 实验

当下的营销环境，营销活动的种类和渠道越来越多样。企业经过营销活动实验，不断调整策略，将资金分配到企业可以获得最大收益的地方。

2. 评估

在初创公司的营销活动中，尽早制定核心 KPI 十分重要，并且要与公司整体指标密切相关。列举几个重要的 KPI 并在报告仪表板中准确地可视化这些指标。例如：

（1）按渠道划分的营销线索；

（2）渠道转化率；

（3）每个渠道的获取成本。

3. 迭代

初创公司通常会无法摆脱一些不起作用的东西。要从公司的营销实验中学习，并确保准确记录所做的事项以及企业在不同渠道上所花费的费用，跟踪费用并衡量投资回报率，不断地迭代寻找效果最好的渠道。

总之，需要注意的是，初创公司首先要定义企业在帮助谁，企业在帮助他们什么，以及企业是如何做的。初创公司受预算和品牌声量的限制，没有办法花大笔的广告费去做铺天盖地的宣传，更需要企业稳扎稳打，一步一个脚印地把营销做好。

第十二章　品牌宣传

初创企业大多都有一些共同点：没钱、没人、没资源，所以通常都选择先集中精力埋头做好产品或项目，想等产品上市、项目交付、赚到钱以后，再慢慢开始做品牌宣传。

这里面，一定会有一些有较高技术壁垒或行业壁垒的企业，按照这样的流程走下来，最终能够得到自己想要的结果。但对于大多数主要靠服务、运营、商业模式驱动的，面向广泛大众市场的初创企业来说，很可能根本等不到有机会把品牌做起来的那一天。

进入"双创"时代，每年都会有上百万家新增企业，还有很多成熟企业在寻求新的利益增长点或谋求转型，几乎在任何领域，都不乏竞争对手，甚至是有钱、有人、有资源的重量级竞争对手。初创公司如果不能尽早地打出自己的品牌，形成品牌优势，后续很容易就会被竞争对手抢占先机。而彼时，即使自己的产品出来了，可能市场已经失去了，或者辛辛苦苦培育和拓展出来的市场，成了别人收割胜利果实的菜园子。

一、初创企业品牌宣传的误区

初创企业做品牌宣传，通常会有几个误区。

（一）把市场营销与品牌宣传混淆

市场营销的目的是拉来客户，对于从事市场营销的人员通常需要以营销效果作为考核依据。而品牌宣传的作用一定不是一锤子买卖，以引流多少用户、获取多少销售线索作为评价品牌宣传效果的依据，显然是不合适的。

（二）模仿成熟公司进行品牌宣传

品牌培育需要经历多个阶段，包括遇见并发现、认识并记住、接受并认可、喜欢并赞美、忠诚并传播。对于一个具有相当规模的成熟企业，其在品牌打造上需要做的主要是后面三个阶段。而对于初创企业来说，其首先需要提升企业的宣传覆盖面和品牌识别度。对于一些需要花"巨资"给品牌贴金的宣传方式，除非这种方式能够带来大量品牌曝光，否则如果仅仅是为了一篇阅读量极低的报道或一张只能挂在办公室的证书或奖状，那实在有些得不偿失。并且，如果把品牌宣传仅仅理解为砸钱买光鲜的话，也会让初创企业不敢轻易开展品牌宣传工作。

（三）认为品牌打造是一件很奢侈的事情

正如前面两点所提到的，如果品牌打造不以立竿见影的销售结果为目标，而又要常常花费巨资去找广告公司做策划、写文案、做 PR（公共关系）或者需要配置额外的专业人员，那么品牌宣传对于初创企业实在是一件打肿脸充胖子的事情，在生存问题都还无法解决的时候，优先级自然就会被初创企业摆得很低。

二、初创企业的品牌宣传方式

一方面，初创企业非常有必要在创业项目基本成型后，尽早开展有规划、有意识、有节奏的品牌宣传；另一方面，初创企业完全可以依据自己的人力、财力和资源情况，找到适合自己的最优性价比的品牌宣传方式。

（一）局部曝光

初创企业可以根据自己所处行业的细分领域，重点在一些垂直用户群属性的线上渠道进行品牌曝光；同时可以多参加一些线下品牌推介会或者项目路演。尽量以最小的代价，吸引更多的目标客户与消费者的目光，让他们认识并了解企业。

（二）知性宣传

不管是在企业官网、新媒体阵地还是门户网站，将公司的成功案例软化处理进行发布，使之更具可读性；或者在一些行业网站写一些干货内容，分享自己的看法与观点。这些都可以使企业获得更大的曝光。

PR 文（企业新闻稿）目前还是很多企业进行日常品牌宣传的主要手段之一。但现在绝大多数 PR 文甚至连聊胜于无的意义都很牵强。在强调内容可读性的移动互联网时代，没有人会浪费时间去阅读这样的文章。更何况这样的文章也不会获得头条或百度等内容引擎的推荐。所以，与其基于素材炮制一篇堆砌了很多高大上的辞藻，但其实缺乏可读性的 PR 文，不如让公司内部深谙产品精髓、文笔尚可且掌握一定内容编辑技巧的员工，从用户认知的角度，踏踏实实写一些通俗性的干货知识内容，包括分享行业看法和见地等。同时，在各个自媒体平台，都是不排斥在内容中进行适度的品牌展现的。

（三）追索流量

所谓追索流量，就是去主动寻找有用户的地方，进行品牌曝光。而可能产生用户流量的地方，通常会与企业所在行业或产品应用场景等内容相关，包括但不限于社区论坛、问答、知识平台、贴吧、文章的评论、微博的评论和转发、百科以及 QQ 群等。这些看似杂乱无章的流量入口，其实只需要做好整理和规划，并按计划进行日常监测和曝光宣传，并不会占用多少工作量，但需要注意避免过于呆板或格式化的宣传内容，因为这有可能无法引起用户的兴趣和关注，也有可能面临禁言等惩罚。

（四）沉淀用户

所谓沉淀用户，即把用户保存下来，将其转移到企业自己可控的平台上，以便后续对存量用户进行主动服务和宣传。由于并不是每个初创企业都有自己的网站或 App，因此各个企业自媒体平台，都可以被企业看作能够进行用户沉淀的自有平台。但相比较而言，即便微信公众号上的文章阅读率已经下降得很厉害了，但它仍然还是最适合进行企业用户沉淀的平台。新兴的如头条、抖音、百家号等平台，以及微博，也许比较适合拓展新用户或进行裂变宣传，但这些平台在能够提供的附加功能（如用户管理、用户服务、用户宣传等）上，相比于微信公众号，还是有较大差距的。进行用户沉淀，虽然不能直接实现品牌宣传，但能够为持续和反复地向存量用户进行品牌教育，以及强化用户的品牌认知提供机会，而且几乎是零成本的。

（五）坚持不懈

有很多初创公司也都曾经或多或少地按照前文提及的方式自主开展过一些品牌宣传，但大多无疾而终，并进而对品牌宣传丧失了信心或兴趣。这里面最大的问题在于做不到坚持不懈，而总想一口吃个胖子。因为在很多人看来，一些活生生的例子都是爆点式的品牌宣传案例，有创意的策划方案，短时间的大量曝光，进而收获近乎一劳永逸的宣传效果。但实际上，那都是极少数公司或者运气极佳，或者在资源匹配极充分的情况下作出的个例，并不具有普遍意义。在大多数情况下，如前文提到的让公司内部人员炮制干货内容，用一周时间精心策划并反复修改出一篇自评 100 分的文章，如果没有匹配推广资源，而任凭其在各个媒体上自由曝光，那么很可能会由于不可控的文章推荐量和阅读量，而让这一周的工作成果付诸东流，从而严重打击企业进行自主内容产出的积极性，并进而怀疑现阶段进行品牌宣传的价值和意义。在这种情况下，正确的方式是，将炮制这篇 100 分文章的精力用来炮制多篇也许自评只有 70 分的文章，并保持一定的发文频率。要知道，阅读量最高的文章未必是自己最得意的文章。总之，坚持不懈，保持平常心，降低短期期望值，才是初创企业在资源有限的情况下进行自主品牌宣传的正确方式。

（六）善于合作

对于偏大众娱乐类的自媒体来说，以前几年，还有个人进行自媒体创业的机会，但现在，几乎都是抱团的自媒体工作室在进行自媒体大号矩阵的运作，并进行近乎工业化和流水线般的自媒体内容输出。团队式的自媒体运作，可以共享设计、共同策划、互相促进、分享经验、共享技术。企业的自主品牌宣传其实存在同样的情况。随着自媒体流量红利的消失，仅仅依靠初创企业内部的一个甚至半个员工，根本不足以持续高效地进行自主品牌宣传，包括个人技能的提升、行业经验的获取、素材的准备以及各种自媒体平台技术的实现（音频、视频等）等都会陷入困境。在此情况下，初创企业要学会在品牌宣传领域进行合作，但这并不是说去找代运营公司，做甩手掌柜，而是在自主掌握内容产出方法和自媒体运营技巧的基础上，通过利用各种 SaaS（Software as a Service，软件运营服务）工具或以相对较低的服务成本代价，借助第三方的能力或与第三方进行互惠合作，从而提升自己的自媒体运营效率。

第十三章　客户服务

一、什么是客户服务

客户服务包括两部分：

（1）与产品本身固定在一起的服务条款部分，如折扣、售后担保、承诺、特权等规定和条款。该部分很难改变，相对固定，可以说是产品的一部分，也可以看作公司规章制度的一部分，只需要遵守，没有太多的发挥空间，通常不提倡任意改变和自由发挥。

（2）公司员工在售前、售中、售后与客户全面接触时所做的言语和行为沟通。简言之，所有这些沟通都属于为客户提供服务的范畴。这一部分相对灵活，公司员工可以与客户进行多种性质和形式的接触。沟通因地而异、因事而异、因人而异，为客户提供全方位的服务，而提供全方位服务的目的只有一个，那就是让客户对产品、员工和公司感到满意和信任。

二、客户服务要求

（一）诚实服务

诚实是做好客户服务最好的政策。相信每个人都有过这样的经历，购买时千好万好，一离开，销售人员的嘴脸就变了。

所以，想要做好客户服务工作，诚信经营是最关键的。按照约定承诺交付客户产品，诚实为客户提供产品服务。要知道，承诺和过度交付是最好的政策，它能在内部正确地设定期望，以确定可能产生的影响，以便每个人都能了解对客户满意度和最终客户保留的影响。

（二）加强客户服务技能

1. 耐心

面对客户的"七情六欲"，耐心不仅对客户很重要，对服务效果也是至关重要的。所以，必须充分花时间真正弄清楚客户想要什么、需要哪些服务。耐心不应成为懒惰服务的借口，而应实现优质服务和快速服务。

2. 适应性强

每个客户都是不同的，有些可能每周都在变化。做好服务工作，应具备应急处理的能力，能感知客户的情绪并相应地进行调整。

3. 沟通清晰

确保能够准确地向客户传达该服务意识，使用积极的语言，保持愉快的心情。毕竟客户都不希望购买 100% 的东西，只享受 50% 的服务折扣。同时，当需要向客户明确传达的重点时，请保持简单，不要怀疑，并且不能在没有得到客户满意确认的情况下就结束谈话。

4. 及时回复

及时回复能够让客户感受到自己被重视，同时及时回复也是一种尊重。良好客户服务的最大因素之一是速度，尤其是当客户要求一些时间敏感的东西时。所以，做好客户服务，请提高回复速度，不要让客户等待。

5. 一视同仁

即使是在与一般客户打交道时，员工都应始终展现应有的专业水平和态度。口耳相传很快，如果提供的客户服务不够好，将很快损害企业的声誉。

6. 跟进

许多员工解决一个问题后，就会把案例封存并彻底遗忘，然后继续处理下一个问题。但是，促成新交易的一个好技巧是跟进客户以收集反馈，并确保客户体验是好的。这可以通过一封简短的礼貌邮件或一个客户调查链接来完成。这将让客户感受到企业仍然在替他们着想，并且愿意花费精力抽出时间来确保他们对服务感到满意。这个小小的技巧甚至可以防止你的客户转向竞争对手。

7. 产品专业知识

其实说到底，客户购买产品，最依赖的还是员工对产品专业知识的了解程度，所以在这方面一定要加强学习。如果遇到难以回复的技术性问题，请及时了解情况。千万不要直接说"不知道"，这将会损失客户，给企业造成经济损失。要知道，客户欣赏诚实的员工并支持员工努力寻找正确答案。

8. 管理时间

在繁忙的工作环境中，优秀的时间管理能力是必不可少的。当员工真的不能帮助客户时，应该快速确定并交由特定人员处理，而不是浪费自己和客户的时间。如果某项投诉花了太长时间处理但仍未解决，一定要向更擅长处理特定问题的经理或其他团队成员寻求帮助，尽可能让客户体验更好。

（三）充分了解客户

良好的互动始于了解客户的需求，根据对客户的了解，如个性化、传统化等不同类型，有针对性地向客户推送相关服务和产品，不仅能够提高服务质量，还可以促进企业经济增长。

三、客户服务创新方法

（一）探索并启动智能客户服务中心建设

通过多渠道进行流程优化、系统建设，从单一的电话服务，逐步向智能服务迈进。例如，除了微信，企业还可以根据客户群分布和平台功能支持来考虑大力推广移动平台的自助服务，选择不同的服务平台，为客户提供更丰富的服务选择，提高客户满意度。

（二）从服务到营销

企业应结合客户需求进行营销推广，从纯服务中心转变为服务营销中心。在内部，可以尝试开展各种形式的营销激励活动，以实现服务增值、企业创收的双赢目标。

（三）加强技术支持，改善客户体验

最简单的方法是使用智能客户服务，如云呼叫中心、在线客服、机器人客户服务等，使用先进的技术产品，不仅可以有效地节省员工进行客户服务的时间，而且可以提高客户体验。

（四）注重并不断提高服务质量

制订一系列服务改进计划，倡导用心服务的服务理念，开展服务激励活动，加强客服人员与客户的情感沟通，提高服务质量。

（五）创建自助服务页面

除了以上提到的这几种方法，还有一种极为重要的方法，就是创建自助服务页面。

创建自助服务页面就是创建一个为客户解决问题的知识库，对于简单的问题，客户都能在上面找到答案，即为客户提供解决问题的自助服务。

据各方数据统计，这是客户目前最喜欢的服务方式。因为相较于与企业客服人员以电话、邮件等方式进行沟通，客户更喜欢自己解决简单的问题，这样能为其省去很多麻烦。

因此，创建客户自助服务页面一定是企业客户服务创新的必要选择。客户自助服务是指用户通过企业或者第三方建立的网络平台或者终端，实现相关的自定义处理。

为 SaaS 产品提供客户自助服务意味着可以让用户自己完成相关操作或者解决相关问题，这对于许多公司来说都是一个相当棘手的问题，但是一旦找到解决方案，自助服务便能够大大提高企业员工售前、售中和售后的工作效率，也可以提高客户满意度。

1. 创建自助服务页面的方法

（1）将帮助中心设置在显眼的位置，并且引导用户点击。

只有将帮助中心放到显眼的位置，帮助中心站点才有作用。最简单的方法是在整个公司网站、公众号或者小程序中放置指向帮助中心的链接。用引导标语引导用户进行点击，帮助他们快速自助地解决问题。

（2）选取重要的内容放到帮助中心中。

帮助中心的作用是解决用户在产品使用中遇到的问题，帮助中心里面的内容应是有意义的。

首先，请记录客户最常提出的问题（通过客服人员的反馈、邮箱以及微信等）。

其次，模仿用户进行产品使用，将其中较难理解操作的问题写下来。

最后，请用户试用，进行帮助中心内容评价（新老用户都要有）。

（3）不断更新优化帮助中心内容。

企业的帮助中心没有最优，只有更优。为了让它发挥作用，需要不断添加和优化文章内容。图文结合是重点，添加内容的时候一定要用简单易懂的语言。为了能够不断完善帮助中心，需要设置问题反馈窗口，让用户可以反馈问题以帮助完善帮助中心页面，使其更具实用性。

（4）便于查阅的结构醒目的搜索框。

帮助中心是一个大型的文档，为了达到便于查看审阅的效果，只有将文档中的内容结构化（将相同类型的文章放到同一栏目中）才能方便用户的查阅，导航栏也应仔细地设置。同时，还应设置易于查询的搜索框，这不亚于高楼中电梯的设置。

（5）统一优雅的展示模板。

在尼尔森的交互原则中，有一条就是"一致性原则"。这对于帮助中心的文档也适用。一般不同的产品对应不同的模块，所以如果一开始未统一模板，这会导致最后呈现出来的效果很容易五花八门。在统一模板的前提下简单优雅地展示界面也显得十分重要（切记不要使用颜色混乱、色彩浓重的展示样式）。

（6）多端适配。

企业无法决定用户是通过什么设备来打开企业的帮助中心页面，这时响应式设计（内容都会自动重新格式化以适合屏幕）就显得尤为重要，特别是手机端，它掌控了更多的流量，帮助中心适配主流的手机将是最基本的要求。

2. 建立帮助中心的方式

建立帮助中心一般分为以下两种方式。

（1）自助建站。这种方式要求制作人员有一定的代码基础，可以通过框架搭建或者直接套用主题等。但这种方式维护成本高，且不易于运营操作。

（2）SaaS 云服务类。随着云计算的发展，基于 SaaS 云服务的帮助中心知识库方案已被越来越多的用户接受，SaaS 类知识库结构简单，无须支付硬件费用，无须维护，初始化难度低，便于管理和展示。操作简单，检索方便，移动端效果体验好。

3. 搭建工具

综上所述，选择 SaaS 云服务工具搭建帮助中心更为合适。下面推荐一款好用的在线帮助中心搭建工具——Baklib。

这是一款贴心的云端帮助手册制作平台，为团队和企业提供专业级的帮助中心、FAQ（常见问题解答）、知识库、API（应用程序接口）文档、产品手册制作服务。

产品亮点为：

（1）CDN（内容分发网络）提高页面打开速度；

（2）自带二级域名支持独立域名，支持站点访客数据统计；

（3）全文检索，支持搜索引擎收录；

（4）支持团队协同在线编辑内容；

（5）多模板主题可以自由切换；

（6）多级栏目分类（适合帮助中心、知识库的内容分类）；

（7）支持富文本和 Markdown 操作；

（8）支持内容智能检索；

（9）支持多终端适配。

相关链接 ◄ ·······································

Baklib在线帮助页面搭建

Baklib 是一款在线的文档编辑及内容分享工具，不仅为用户提供了好用的知识整理平台，还提供了优质的知识发布平台，通过其制作的文档内容会自动转化成网站，通过设置的 url 链接就能进行访问，方便客户在线观看，帮助他们理解产品，为用户使用提供便利。Baklib 会事先帮制作者规划帮助页面的展示结构，用户只需将内容按要求编辑进去即可，内容都能直接在视图中预览查看，避免错误和麻烦。即便是初学者，也能够制作一个精美实用的帮助中心和产品手册页面。

一、Baklib 七大强大功能

（1）Baklib 是一款为用户提供内容撰写、托管和分享的在线写作工具；用户不必精通建站的编码技能，全程"傻瓜式"操作。只需要简单三步：注册站点、创建内容、选择模板，就可以制作一个漂亮的产品说明书。

（2）Baklib 是一个文档创建工具，它比 VuePress 和 GitBook 更加容易使用，适合的用户也更加广泛。使用 Baklib，用户不必具备任何代码基础，也无须了解什么是网站建设，便可以更快速、更容易地制作出一份产品说明书。

（3）Baklib 具有实用特性，可以迅速创建一个清新且高质量的产品说明书。

（4）单独的域名。使用 Baklib 的产品说明书，提供一个独立的域名，可以提高网页的权威性。

（5）团队协作。Baklib 提供了一个团队协作的功能，可以让团队成员在线上进行共同编辑，更好地实现内部协作。

（6）SEO 支持。Baklib 网页能被搜索引擎收录，提升网页的曝光度，优化用户体验。

（7）网页访问数据。通过 Baklib 提供的产品指南，可以访问第三方站点的流量分析。企业可以利用网站流量分析工具，掌握整个网页的访问量、关键词、用户画像等信息，实现对网页内容的科学调整。

二、Baklib 在线帮助页面搭建步骤

Baklib 在线帮助页面搭建步骤为：创建站点—添加内容—界面设置—效果展示，四步即可搭建帮助页面。

1. 创建站点

（1）浏览器打开 Baklib 官网，推荐使用谷歌 / 火狐，如图 13-1 所示。

图 13-1　浏览器打开 Baklib 官网界面

（2）选择主题确定展示结构。确定主题后帮助中心对外的展示结构就已经确定了，如图13-2所示。

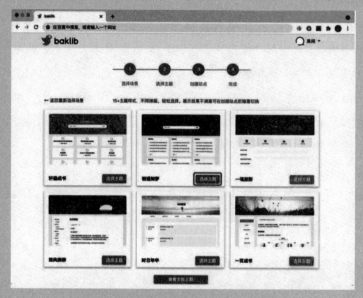

图 13-2　选择主题确定展示结构界面

准备工作完成后，进入操作台添加内容。

2. 添加内容

（1）添加文章和栏目。建立的文章需要放在栏目中进行存储，原因在于：一是方便对内容的细化管理；二是在前端展示的时候，内容看起来更有结构性，便于阅读。添加文章和栏目界面分别如图13-3、图13-4所示。

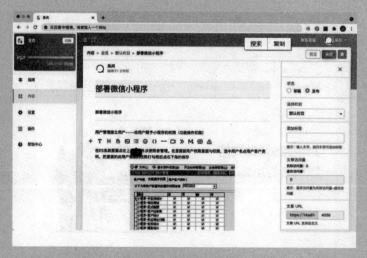

图 13-3　添加文章界面

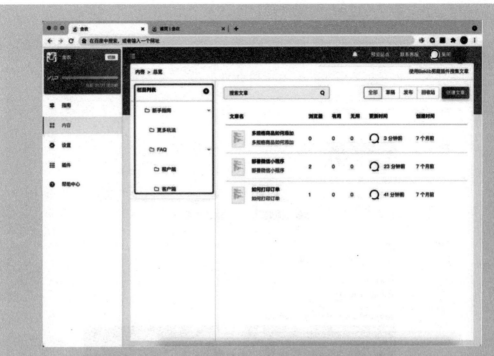

图 13-4　添加栏目界面

（2）设置对外展示样式。添加帮助中心站点名称、logo、企业联系方式，如图 13-5 所示。

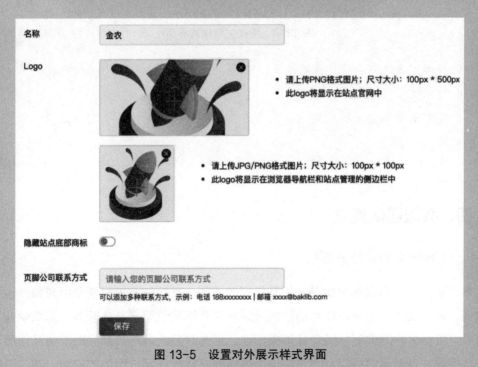

图 13-5　设置对外展示样式界面

3. 界面设置

（1）生成主题界面样式，选择帮助中心站点对外展示的主题模板、颜色、宣传标语，添加主题的头部显示的大图，如图13-6所示。

图13-6　生成主题样式界面

（2）绑定帮助中心站点访问域名。

4. 效果展示

内容和主题都已设置完成后，点击右上角的"预览站点"按钮就能查看最终的展示效果。

四、客服团队建立

（一）客户服务涵盖的部门

客户服务是所有跟客户接触或相互作用的活动。其接触方式可能是面对面，也可能是电话、通信或网上沟通。其活动则包括向客户介绍及说明产品或服务，提供企业相关的信息，接受客户的询问，接受订单或预订，运送商品给客户，商品的安装及使用说明介绍，接受并处理客户抱怨及改进意见，商品的退货或修理，服务的补救，客户资料的建档及追踪服务，客户的满意度调查及分析等。

由于客户服务的日益重要，许多企业均设立了客户服务部门。但全方位的客户服务并非客户服务部这一个部门所能满足的，它还涉及生产部门、营销部门等。其具体职责为：

1. 客户服务部门

（1）提供有关产品的信息。

（2）接受客户咨询。

（3）提供客户有关产品或服务的各项事前与事后服务。

（4）接受有关产品或服务的修改、修理、更换、退货。

（5）处理有关赔偿、有关产品或服务的纠纷。

（6）接受客户的意见、抱怨并做相关的处理。

（7）了解客户的需求水准及变动趋势。

（8）建立客户档案并追踪服务。

（9）主动跟客户联系、关心客户。

（10）对客户进行满意度调查。

（11）对客户所提供的建议、抱怨及问卷调查做统计分析，将所得结果送有关部门。

（12）接受订单并充分了解客户需求。

2. 生产部门

（1）提供有关基本作业程序的资讯给客户服务部门。

（2）提供有关生产、作业状况或服务状况给客户服务部及营销部。

（3）接受营销部送过来的订单，并安排生产。

（4）制订生产计划或服务提供计划并予以实施。

（5）进行产能规划并提供给营销部。

（6）在交期内生产出符合客户需求的产品或提供服务。

（7）解决有关生产或服务提供的问题。

3. 营销部门

（1）接受客户订单或客户服务部转来的订单。

（2）对订单进行管理。

（3）了解生产部门产能状况并下订单给生产部门，跟踪了解订单的生产进度。

（4）处理客户需求的改变。

（5）向客户提供生产（作业）状况或服务状况信息，便于其了解。

（6）控制产品或服务提供的交期及品质。

（7）提供有关产品或服务的资讯给客户服务部。

（8）解决有关营销的一切问题。

（二）客服工作项目分配

以上讲到客户服务至少与三个部门相关，下面简易地列出一些客户服务的项目以及相关的权责部门：

（1）消费者需求调查，客户需求的分析，以及相关的市场调查——营销部门、客户服务部门。

（2）提供有关产品与服务的资讯给消费者，以及相关的营销活动——营销部门、客户服务部门。

（3）接受客户的订货、下订单或服务的预约，以及与客户沟通，了解他们需求的内容——营销部门、客户服务部门。

（4）跟客户充分沟通产品或服务的项目，提供方式，送货时间——营销部门、客户服务部门。

（5）客户所购买的产品的制作、运送，所订的服务的提供——生产部门、营销部门、服务提供部门。

（6）从产品或服务的订购到产品的运送及服务提供的期间内的双方沟通，尤其是有关产品的制作，服务的进行状况与进度的了解——营销部门、客户服务部门。

（7）产品的运送、安装及使用说明，服务提供过程中客户的配合方式的说明——营销部门、技术部门、服务提供部门。

（8）对客户提供有关产品的使用及相关技术的教育训练与培训——客户服务部门、技术部门。

（9）相关的售后服务，如修理、维护保养，更换或退还等服务内容的变更——营销部门、技术部门、客户服务部门。

（10）收款、收据或发票的处理，错误账目的更正——营销部门、财务部门、客户服务部门。

（11）客户问题与抱怨的接受，判断与处理——客户服务部门、营销部门。

（12）客户意见分析，客户满意度的调查与统计分析，以及相关信息回馈——客户服务部门、营销部门。

（13）客户资料的建档、管理，以及追踪服务——客户服务部门。

（14）对客户提供咨询，信息与资料的提供，以及其他相关的服务——客户服务部门、营销部门。

从上面客户服务的工作项目分析中可以了解到客户服务部门、营销部门及生产部门等之间要密切配合，才能把客户服务的工作做好。此外，这些客户服务工作的进行也有其先后顺序。当然，首先是客户需求的提出，接着才是针对客户的需求进行分析与了解以及产品的制作或服务的提供，最后才是客户满意度调查，客户资料的建档及追踪服务等。

（三）建立客服团队

客户服务的运作，如果没有一支高效运作的团队，没有一个出色的服务职能部门作支撑，就不可能取得好的效果，因而必须组建客服团队。而建立一个高效的服务团队必须遵循图 13-7 所示的五项原则。

原则一　得到核心管理层的支持

客户服务部门是联系客户的重要环节，它应该得到高层核心管理者的支持和指导。这个核心管理层必须有计划能力、分析能力、执行能力和控制能力，可通过自上而下的管理，运用行政计划、命令等，加强职能控制

原则二　明确团队中各岗位的职能

在客户服务工作中必须明确各个岗位的职能，明确具体到每个人的工作目标和范畴，杜绝工作的盲目性和无序性

原则三　制定工作流程

工作流程的制定可为员工的工作指明一条具体的行进路线。让员工知道每个环节与其个人之间的关联性，在很大程度上，既减少了无序的工作所带来的混乱，也提高了工作效率

原则四　加强信息沟通与合作

加强信息在各部门之间的相互流动可以更好地为客户服务。加强信息沟通要做到：各部门人员之间要协调配合；理解和信任他人；互相帮助；当竞争对手出现时作出快速反应

原则五　构建客服管理体系

客户服务管理体系是确保整个服务工作规范化的基础保障系统。没有这个体系的存在或者这个体系存在太多问题，即便是强势力量的营销团队，也不会取得太好的营销业绩。

客户服务管理体系在保障服务工作规范化的同时，也在引领团队的服务工作向既定的目标方向运行，让团队的每一个成员明确客户服务管理行为是公司行为的一部分，应以公司的行为作为主线，不偏离公司服务的中心思想

图 13-7　建立高效服务团队必须遵循的原则

五、客户服务规范制定

（一）服务理念制定

客户是企业的生命之源。市场的竞争实际上就是争夺客户的竞争，谁能不断为客户提供满意的产品和服务，谁就能赢得客户的心，只有对企业的产品和服务感到满意的客户才会最终成为企业的忠诚客户。得客户者得天下，谁拥有客户，谁就拥有市场。市场在变化，客户对产品的要求也在不断变化。企业只有以优质的产品和真诚的服务，不断赢得客户的满意，才会获得长足发展。而客户服务是指致力于客户满意并继续购买企业的产品或服务的一切活动。为使客户服务工作令客户更满意，企业应制定客户服务理念，向社会广泛宣布，并作为企业各部门人员的行动指南。

1. 基本理念

企业应用简洁的语言阐明对客户服务的基本理念，要求所有员工都能熟记，并将其运用于日常工作中。比如，A公司的客户服务理念是这样的：

我们的服务理念是以客户为中心，真诚为客户服务。我们信奉：没有客户的满意，就没有我们的价值。我们真诚、主动、专业、高效，坚持客户需求是第一选择，客户满意是第一标准。坚持为客户提供优质产品与服务，大力实现客户满意战略，满足客户个性化需求；不断推进服务创新，努力拓展服务渠道，增加附加服务，在追求客户价值最大化的同时实现企业价值最大化。

2. 理念的具体化

客户服务的基本理念是行动指南，为使之更有效地贯彻执行，必须将其具体化，体现到客户服务的各个环节中。

（二）客户服务规范

为使客户服务工作规范化、流程化、标准化，企业要制定客户服务规范，如针对服务岗位的工作规范，针对服务时间的承诺规定及客户服务工作的奖罚制度等。制度制定出来后，客户服务主管应对员工进行培训并监督严格执行。

（三）服务流程设计

1. 服务流程分析

（1）服务流程内涵

服务流程是指客户享受到的，由企业在每个服务步骤和环节上为客户提供的一系列服务的总和。服务流程图的作用在于帮助企业从客户的角度来看问题。企业越能够从客户的角度观察、理解或者体验服务，就越容易找到自身需要改进的地方。

（2）服务流程分类

①业务流程。服务业务流程图是对作业步骤的描述，它是一张顺序图，说明各个运作步骤之间的前后关系或运作关系。不同的运作步骤类型可以用不同的运作符号来表示。

②信息流程。服务信息流程主要包括信息的流动、处理和存储的前后关系。它抽象地舍去了具体的组织结构、物资和材料等，单从信息流动的角度来考查实际业务发生的情况。

业务流程图和信息流程图有助于服务提供系统的建立。它们可以指出，为了完成服务任务，什么地方需要控制，什么地方需要服务标准。这些流程图能够说明瓶颈位于何处，同时能够指出哪里需要增加人员、设备，或者哪里的流程需要改变布置及如何改变。它们还可以指出哪里的步骤需要标准化，哪里的运作过程需要细分化等。

2. 服务流程图设计方法

（1）与客户同行。客户服务人员必须以客户的身份去经历整个服务流程，记录下最重要的东西，并考虑客户在和企业开展业务活动之前，最先做的三件事是什么：打电话过来？填写邮购单？开车来公司？如果是打电话，那么，客户所采取的步骤是怎样的？处理业务的员工所采取的步骤又是怎样的？如果开车来，客户对公司设施总体印象又如何？

（2）从一线员工那里获得帮助、建议和有关反馈信息。一线服务人员每天都在前线工作，直接和大量客户接触，满足客户需求，解决客户问题，并不断提高客户的期望值，他们比公司中的其他人更了解客户的需求，更懂得如何为客户提供满意的服务。

（3）创建步骤。从简单的服务流程图开始，创建几个步骤，并留下空余处，便于随时补充、调整和更正。

（4）修改服务流程。随着情况的变化而不断更新、修改服务流程图，客户的需求是不断变化的。所以，企业服务流程的设计也应当是动态的，随着客户的期望和需求不断改变而改变，且应坚持把服务质量保持在一定水平上。

通过追踪业务流程和信息流程，服务人员和管理人员能够非常容易地检查每一项业务，知道每一项业务是如何进行的，以及如何才能改进业务流程。一般来说，当企业使用这种流程方法时，是从现有的工作过程开始的。

（5）绘制流程图。企业通过绘制流程图，可以使员工统一工作认识，共同发现存在的问题，进行质量的持续改进。但当企业的环境发生重大变革时，则需要进行流程再造。

3. 流程实施与控制的关键

（1）客户服务人员应当从客户满意做起，以客户的需求来决定地点选择、建筑风格及装修布置、服务程度及方法。

（2）客户服务人员在实施流程时，应谋求流程的高效能，而不是个别职能的高效能。

（3）客户服务人员应排除因分工而产生的分歧。

（4）流程实施时，客户服务人员应缩短流程执行周期，迅速完成服务，增强应变能力。

（5）客户服务人员在流程实施与控制的过程中，应超越企业界限，将企业内外部改革纳入企业流程，运用计算机网络来减少协调成本。

学习笔记

　　通过学习本部分内容，想必您已经有了不少学习心得，请仔细填写下来，以便继续巩固学习。如果您在学习中遇到了一些难点，也请如实写下来，方便今后重复学习，彻底解决这些难点。

我的学习心得：

1. _____

_____

2. _____

_____

3. _____

_____

我的学习难点：

1. _____

_____

2. _____

_____

3. _____

_____

第三部分

财税管理

阅读索引：

⇨ 账目建立

⇨ 成本控制

⇨ 财务分析

⇨ 财务危机

⇨ 税务管理

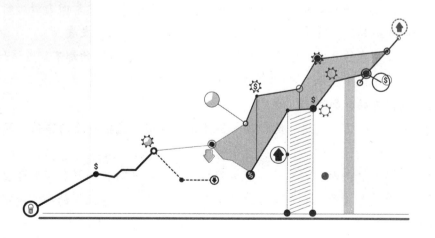

老 A 作为专业人士，帮助小 B 应对了许多企业经营的问题，但发现小 B 只忙着拓展业务、服务客户、管理公司的人员，对财务和税务方面似乎没有任何了解和未来学习规划。不加强财税管理，企业是很危险的。特别有责任心的老 A 约了小 B 沟通。

老 A：小 B，近来业务怎么样？

小 B：业务订单多了，客户也多了，然后公司也增加了不少人员，但是每月算下来的利润却很少，目前只能基本持平。

老 A：你应该是没有重视财税管理。有没有建账，有没有进行成本控制，有没有定期进行财务分析呢？

小 B：有建账，就是收入支出的流水账。

老 A：那太简单了。我跟你说啊，财务管理一定要重视起来，否则订单销售额再多最后可能都没有利润，还可能陷入财务危机，导致公司破产清算。

小 B：这么严重啊。

老 A：嗯。首先，企业通过有效的财税管理，能够加强对企业财务成本的管控力度，有效开展税务筹划，尽可能地降低企业生产运营成本，并降低税收风险发生的可能性；其次，加强财税管理力度，是现代企业顺应财税体制改革的必要举措，也是顺应"互联网+"时代和全球经济一体化发展趋势的必然选择，能够增强企业核心竞争力；最后，现代企业通过实施财税管理，可以掌握最新财税数据信息，客观反映出企业的财税状况，为经营发展决策的制定提供可靠依据。

小 B：啊，这么大的作用，我真不知道财税管理这么有价值，也没有全面地认知财税管理工作，也没有意识到这对企业长久发展的强有力保障作用。

老 A：你现在认识到还不晚。我这里有一份资料，你拿回去好好研究，希望你早点重视起来，将其应用到实践中，让企业有更长久的发展。

小 B：真的太感谢您了，若不是您一直指导我，我真的都不知道该如何发展。

老 A：我希望我认识的朋友开的公司，都是盈利的，都是能够长远发展的。你是有潜力的，加油吧！

小 B：A 总，听您一说，财务和税务问题确实是很重要的事情，还请具体指导一下。

老 A：没问题，新公司注册运营后，还有很多财务和税务问题需要注意，稍有不慎就可能会影响企业后续经营。下面罗列了企业应注意的一些财税问题，供你借鉴。

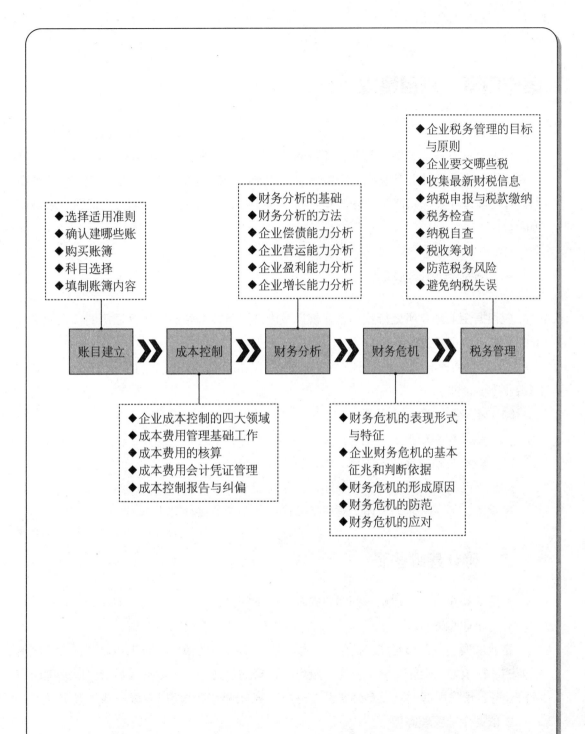

◆企业税务管理的目标
　与原则
◆企业要交哪些税
◆收集最新财税信息
◆纳税申报与税款缴纳
◆税务检查
◆纳税自查
◆税收筹划
◆防范税务风险
◆避免纳税失误

◆财务分析的基础
◆财务分析的方法
◆企业偿债能力分析
◆企业营运能力分析
◆企业盈利能力分析
◆企业增长能力分析

◆选择适用准则
◆确认建哪些账
◆购买账簿
◆科目选择
◆填制账簿内容

账目建立　》　成本控制　》　财务分析　》　财务危机　》　税务管理

◆企业成本控制的四大领域
◆成本费用管理基础工作
◆成本费用的核算
◆成本费用会计凭证管理
◆成本控制报告与纠偏

◆财务危机的表现形式
　与特征
◆企业财务危机的基本
　征兆和判断依据
◆财务危机的形成原因
◆财务危机的防范
◆财务危机的应对

　　备注：老 A——专业人士，小 B——新手小白；通过老 A 和小 B 的对话，引入本部分公司财税管理应知应会的一些知识。

第十四章　账目建立

任何企业在成立初始，都面临建账问题。建账即根据企业所处的具体行业的要求和将来可能发生的会计业务情况，购置所需要的账簿，然后根据企业日常发生的业务情况和会计处理程序登记账簿。建账流程分为"选择准则""准备账簿""科目选择""填制账簿"等内容。

一、选择适用准则

应根据企业经营所处行业、企业规模及内部财务核算特点，选择适用的《企业会计准则》或《小企业会计准则》。

《小企业会计准则》适用于在中华人民共和国境内设立的，同时满足下列三个条件的企业（小企业）：

（1）不承担社会公众责任；

（2）经营规模较小；

（3）既不是企业集团内的母公司，也不是子公司。

如果不能同时满足上述三个条件，企业需要选择《企业会计准则》。

按规定，需要建账的个体工商户参照执行《小企业会计准则》。

二、确认建哪些账

无论何类企业，在建账时都要首先考虑以下问题：

1. 与企业相适应

企业规模与业务量是成正比的，规模大的企业，业务量大，分工也复杂，会计账簿需要的册数也多。企业规模小，业务量也小，有的企业，一个会计人员就可以处理所有经济业务，设置账簿时就没有必要设许多账，所有的明细账可以合成一两本就可以了。

2. 依据企业管理需要

建立账簿是为了满足企业管理需要，为企业管理提供有用的会计信息，所以在建账时以满足企业管理需要为前提，避免重复设账、记账。

3. 依据账务处理程序

企业业务量大小不同，所采用的账务处理程序也不同。企业一旦选定了账务处理程序，也就选定了账簿的设置方式。如果企业采用的是记账凭证账务处理程序，企业的总账就要根据记账凭证序时登记，会计人员就要准备一本序时登记的总账。

不同的企业在建账时所需要购置的账簿是不相同的，总体来讲要依据企业规模、经济业务的繁简程度、会计人员多少、采用的核算形式及电子化程度来确定。但无论何种企业，都存在货币资金核算问题，现金和银行存款日记账都必须设置。另外，还需设置相关的总账和明细账。

三、购买账簿

企业刚成立时，一定要去购买这几种账簿和相关账页，需说明的是明细账有许多账页格式，要选择好企业所需要的格式的账页，如借贷余三栏式、多栏式、数量金额式等，然后根据明细账的多少选择所需要的封面和装订明细账所用的钉或线。购买账簿的具体要求如表 14-1 所示。

表 14-1　购买账簿的要求

序号	账簿名称	说明	备注
1	现金日记账	一般企业只设 1 本现金日记账。但如有外币，则应就不同的币种分设现金日记账	现金日记账和银行存款日记账均应使用订本账。根据单位业务量大小可以选择购买 100 页的或 200 页的
2	银行存款日记账	一般应根据每个银行账号单独设立 1 本账。如果企业只有 1 个基本账户，则就设 1 本银行存款日记账	
3	总分类账	一般企业只设 1 本总分类账，总分类账包含企业所设置的全部账户的总括信息	外形使用订本账，根据单位业务量大小可以选择购买 100 页的或 200 页的
4	明细分类账	明细分类账要使用活页的，所以不能直接买到现成的。存货类的明细账要用数量金额式的账页；收入、费用、成本类的明细账要用多栏式的账页；应交增值税的明细账单有账页；其他的基本用三栏式账页。因此，可分别购买这 4 种账页，根据所需，每种格式账页大概页数分别取一部分出来，外加明细账封皮及经管人员一览表，再以带子系上即可	本数的多少根据单位业务量等情况而不同。业务简单且很少的企业可以把所有的明细账户设在 1 本明细账上；业务多的企业可根据需要分别就资产、权益、损益类分 3 本明细账；也可单独就存货、往来账项各设 1 本。无固定情况，完全视企业管理需要而设
5	备查账	备查账是一种辅助账簿，是对某些在日记账和分类账中未能记载的会计事项进行补充登记的账簿	其格式可由企业根据内部管理的需要自行确定。备查账的外表形式一般采用活页式

特别提示

建账初始，必须购置的还有记账凭证。如果该企业现金收付业务量较大，在选择时就可以购买收款凭证、付款凭证、转账凭证；如果企业收付业务量较少，购买记账凭证（通用也可以）、记账凭证封面、记账凭证汇总表、记账凭证装订线、装订工具等。为制作报表方便还应购买空白资产负债表、利润表（损益表）、现金流量表等相关会计报表。

四、科目选择

可以参照会计准则应用指南中的会计科目，结合企业所属行业及企业管理需要，依次从资产类、负债类、所有者权益类、成本类、损益类中选择出应设置的会计科目。

（一）总账科目

原则上来说,只要是企业涉及的会计科目都要有相应的总账账簿（账页）与之对应。会计人员应估计每一种业务的业务量大小，将每一种业务用口取纸分开，并在口取纸上写明每一种业务的会计科目名称，以便在登记时能够及时找到应登记的账页。在将总账分页使用时，假如总账账页从第一页到第十页登记现金业务，就要在目录中写清楚"现金……1～10"，并且在总账账页的第一页贴上口取纸，口取纸上写清楚"现金"；第十一页到第二十页为银行存款业务，就在目录中写清楚"银行存款……11～20"，并且在总账账页的第十一页贴上写有"银行存款"的口取纸，依此类推，总账就建好了。

为了方便登记总账，在总账账页分页使用时，最好按资产、负债、所有者权益、收入、费用的顺序来分页，在口取纸选择上也可将资产、负债、所有者权益、收入、费用按不同颜色区分开，以便于登记。

企业通常要设置的总账业务会有"现金、银行存款、其他货币资金、短期投资、应收票据、应收账款、其他应收款、存货、待摊费用、长期投资、固定资产、累计折旧、无形资产、开办费、长期待摊费用、短期借款、应付票据、应付账款、其他应付款、应付工资、应付福利费、应交税金、其他应交款、应付利润、预提费用、长期借款、应付债券、长期应付款、实收资本（股本）、资本公积、盈余公积、未分配利润、本年利润、产品销售收入、产品销售成本、产品销售税金及附加、产品销售费用、其他业务收入、其他业务支出、营业外收入、营业外支出、以前年度损益调整、所得税等"。

因工业企业会计核算使用的会计账户较多，所以总账账簿的需要量可能会多一些，购买时需多购置几本，但也要根据业务量多少和账户设置的多少来购置。因工业企业的存货可能占据较大比重，另外还要配合成本计算设置有关成本总账。有关存货账户有原材料、在途材料、材料采购、委托加工材料、低值易耗品、包装物、自制半成品、产成品等。企业要根据账户设置相应的总账。

成本计算账户包括待摊费用、预提费用、辅助生产成本、废品损失、基本生产成本等，企业也要根据成本计算账户设置相应的总账。

另外，工业企业需设置的总账还有产品销售收入、产品销售成本、产品销售费用、产品销售税金及附加等。

（二）明细分类账的科目

明细分类账是根据企业自身管理需要和外界各部门对企业信息资料的需要来设置的。

需设置的明细账有短期投资（根据投资种类和对象设置）、应收账款（根据客户名称设置）、其他应收款（根据应收部门、个人、项目设置）、待摊费用（根据费用种类设置）、长期投资（根据投资对象或根据面值、溢价、折价、相关费用设置）、固定资产（根据固定资产的类型设置，另外固定资产明细账账页每年可不必更换新的账页）、短期借款（根据短期借款的种类或对象设置）、应付账款（根据应付账款对象设置）、其他应付款（根据应付的内容设置）、应付工资（根据应付部门设置）、应付福利费（根据福利费的构成内容设置）、应交税金（根据税金的种类设置），以及产品销售费用、管理费用、财务费用（均按照费用的构成设置）等。企业可根据自身的需要增减明细账的设置。

五、填制账簿内容

（一）封面

封面主要用来标明会计账簿的名称，如总分类账、库存现金日记账、银行存款日记账、应收账款明细账等。

（二）扉页

扉页，或称使用登记表，明细账中称经管人员一览表。其填写内容为：

（1）"单位名称"栏：填写本企业的全称。

（2）"账簿名称"栏：填写"现金日记账"。

（3）"册次及起讫页数"栏：填写开始使用的页码数。

（4）"启用日期"和"停用日期"栏：分别填写开始使用和停止使用的时间。

（5）"经管人员盖章"栏：盖相关人员个人名章。另外，记账人员更换时，应在交接记录中填写交接人员姓名、经管及交出时间和监交人员职务、姓名。

（6）"会计主管人员盖章"栏：由本单位财务部门内负责人签字或盖印。

（7）"接管日期"栏：会计开始接账的时间。

（8）"交出日期"栏：会计因故离职，要进行工作交接，按交账的时间填写。

（9）"单位公章"栏：必须加盖企业的行政公章，公章的名称与"单位名称"栏的名称应完全一致，不得使用财务专用章或者其他公章代替。

（10）粘贴印花税票并画双横线，除实收资本、资本公积按万分之五贴花外，其他账簿均按每本5元贴花。

另外，如果明细账分若干本，还需在经管人员一览表中填列账簿名称。

（三）总分类账的账户目录

1. 总分类账

总分类账外形采用订本式，印刷时已事先在每页的左上角或右上角印好页码。但由于所有账户均须在一本总账上体现，故应给每个账户预先留好页码。比如，"库存现金"用第1、2页，"银行存款"用第3、4、5、6页，根据单位具体情况设置。另外，要把科目名称及其页次填在账户目录中。

2. 明细分类账

明细分类账由于采用活页式账页，在年底归档前可以增减账页，因此不用非常严格地预留账页。

3. 现金或银行存款日记账

现金或银行存款日记账各自登记在一本上，因此不存在预留账页的情况。

（四）账页

新建企业的账页不存在期初余额，现金和银行存款日记账不用对账页进行特别设置。

1. 总账账页

按资产、负债、所有者权益、成本、收入、费用的顺序把所需会计科目名称写在左上角或右上角的横线上，或直接加盖科目章。

2. 明细账账页

按资产、负债、所有者权益、成本、收入、费用的顺序把所需会计科目名称写在左（右）上角或中间的横线上，或直接加盖科目章，包括根据企业具体情况分别设置的明细科目名称。另外，对于成本、收入、费用类明细账还需多栏式分项目列示，如"管理费用"借方要分成办公费、交通费、电话费、水电费、工资等项列示，具体按企业管理的需要，即费用的分析项目列示，每个企业可以不相同。

特别提示

　　为了查找、登记方便，在设置明细账账页时，每一账户的第一张账页外侧粘贴口取纸，并各个账户错开粘贴。当然，口取纸上也要写出会计科目名称。一般只写一级科目。另外，也可将资产、负债、所有者权益、成本收入、费用等按红、蓝等不同颜色区分开。

 **相关链接**

企业成立第二年或以后年度进行的年初建账

一、应该重新建账的

总账、日记账和多数明细账应每年更换一次，即新的年度开始时都需要重新建账。

二、可以不重新建账的

有些明细账也可以继续使用，如财产物资明细账和债权、债务明细账等。由于材料等财产物资的品种、规格繁多，债权、债务单位也较多，如果更换新账，重抄一遍的工作量相当大，因此可以跨年度使用，不必每年更换一次。固定资产卡片等卡片式账簿及各种备查账簿，也都可以跨年度连续使用。

三、重新建账的具体做法

1. 购买账簿

根据所需购买总账、两本日记账，设置明细账。

2. 填制账簿内容

（1）封皮。

（2）扉页，或称使用登记表，明细账中称经管人员一览表。

（3）总分类账的账户目录。

（4）账页。

以上与企业刚成立时做法一致，只是多一步登记期初余额。

3. 过账

不必填制记账凭证，为了衔接，直接将上年该账户的余额，抄入所开新账户第一页的首行，也就是直接"过账"。

（1）现金日记账和银行存款日记账。

"日期"栏内，写上"1月1日"或空着。

"摘要"栏内写上"上年结转"或"期初余额"或"年初余额"字样。

将现金实有数或上年年末银行存款账面数填在"余额"栏内。

（2）非损益类总账和明细账。

该账只是比日记账多一项余额方向的列示，即在余额列前要表明"借"或"贷"字。

第十五章　成本控制

成本管理是企业管理中的重要主题，成本是企业的"牛鼻子"，成本控制是所有企业都必须面对的一个重要管理课题。但成本管理并不是为了节约而节约，也并不等同于降低成本，而应该是为了建立和保持企业的长期竞争优势所采取的一种措施。

一、企业成本控制的四大领域

（一）财务领域控制

（1）要提高资金运作水平，首先要开源节流，增收节支，其次要对资金实施跟踪管理，加强对资金调度与使用的管理；再次要降低存货比例，加强存货管理。通过以上措施减少资金占用，优化资金结构，合理分配资金，加速资金周转。

（2）财务人员要做好成本事前、事中、事后的工作，事前要做好成本预测、决策和成本计划工作，事中要做好成本控制和核算工作，事后要做好成本的考核和分析工作。

（3）严格控制、节约费用开支。

（二）策略管理领域控制

（1）技术创新，寻求新出路。在成本降低到一定程度后，企业只有从创新方面着手降低成本。从工作流程和管理方式创新方面入手提高劳动生产率、设备利用率以降低单位产品的人工成本与固定成本；从营销方式创新方面入手增加销量、降低单位产品营销成本。企业要不断创新，并用有效的激励方式激励创新。

（2）以销定产，避免盲目生产不适销对路的产品而造成积压。

（三）生产领域控制

（1）提高设备的利用效率，合理组织和安排生产。

（2）优化工作流程。

（3）减少库存。库存不会产生任何附加价值，它不仅占用空间、占用资金，而且会产生搬运和储存需求，增加成本。因此，应正确计算取得成本、储存成本、缺货成本，把存货量和库存金额控制在更合理的范围之内。

（4）控制人员成本，精减人员、合理定岗定编是加强用人管理的基础，也是降低人工成本的重要抓手。

（5）充分调动员工的积极性，要加强营销团队的日常管理，提高执行效率；制订考核方案，解决分配及营销人员发展通道问题。将成本控制责任落实到部门或个人，完善收入分配制度，加强组织激励和个人激励，实行奖惩兑现，调动全体员工的积极性。

（6）打破"提高质量增加成本，降低成本损害质量"的旧观念，通过创新方法改进质量，事实上会带动成本的降低。

（四）销售领域控制

（1）控制销售成本，销售部门在扩大销售成果、提高市场占有率的同时，要强化销售费用的使用效率，以相对降低成本。

（2）降低物流成本，通过效率化的配送方式来降低物流成本。

二、成本费用管理基础工作

（一）编制生产消耗定额和费用定额

（1）由生产、技术、财务、行政等相关部门共同制定材料消耗定额、工时定额、设备及能耗定额等。

（2）财务部会同行政部及其他相关部门制定各职能部门的费用开支定额和资金占用定额。

（3）行政部会同财务、生产等相关部门制定人员定额。

（4）财务部会同生产、技术等相关部门制定物资库存限额。

（二）成本费用开支范围与标准

1.划分原则

（1）划清经营支出与非经营支出的界限。

（2）划清经营支出的制造成本和期间费用，即划清应计入生产成本与不应计入生产成本的费用界限。

（3）划清本期成本费用与非本期成本费用的界限。

（4）划清各种产品应负责的成本界限。

（5）划清在制品与完工产品应负担的成本界限。

2. 开支范围

对开支范围的具体说明如图 15-1 所示。

范围一 ▷ **可以计入成本的费用开支**

（1）为产品生产而消耗的各种原材料、辅助材料、备品配件、外购半成品、燃料、动力、包装物、低值易耗品的原价和运输、装卸、整理等费用

（2）生产工人和生产部管理人员的工资及按规定比例提取的职工福利费

（3）生产使用的固定资产按照规定比例提取的固定资产折旧和固定资产租赁费及修理费

（4）生产部为组织和管理生产所发生的费用支出

（5）按照规定应当计入成本的其他费用

范围二 ▷ **不得计入成本的费用开支**

（1）属于期间费用（管理费用、销售费用、财务费用）的支出

（2）不属于期间费用，也不得列入成本的其他支出

范围三 ▷ **不得列入期间费用，也不得列入成本的支出**

（1）为购置和建造固定资产、购入无形资产和其他资产的支出

（2）对外投资支出

（3）被没收的财物

（4）各项罚款、赞助、捐赠支出

（5）在公积金和职工福利费中列支的支出

（6）各种赔偿金、违约金、滞纳金

（7）国家规定不得列入成本费用的其他支出

图 15-1　费用的开支范围

3. 成本、费用开支标准

财务部会同相关部门制定差旅费报销管理办法、企业电话通信费控制和补助办法、企业私车公用费用补助办法、企业薪酬管理制度等。

（三）制定企业产品标准成本

企业财务部会同相关部门根据生产消耗定额、历史成本和内部计划价格制定标准成本（见表 15-1），并编制企业产品标准成本手册。

表 15-1　产品标准成本表

标准总产量：

品名	标准损耗率	材料		直接人工		制造费用		标准单位成本
		取得成本	制造成本	分摊率	单位成本	分摊率	单位成本	

核准：　　　　　　　　　复核：　　　　　　　　　制表：

（四）健全原始记录

对企业所有物质资源的领用、耗费、入库、出库都必须有准确的原始记录，并定期检查、及时传递。

（五）健全企业计量管理

对企业物资的购进、领用、转移、入库、销售等各个环节进行准确计量。

（六）实行定额领料制度

严禁无定额领料和擅自超定额领料。

（七）健全考勤和工时统计制度

按产品的工作令号及时报送工时和完工产量资料。

三、成本费用的核算

（一）成本费用核算依据

（1）《企业会计准则》《企业会计制度》。

（2）有关的消耗定额、开支标准和开支范围的政策文件。

（3）企业内部的经营特点以及经营的内外部环境的要求。

（二）成本费用的核算要求

（1）成本费用应当分期核算。

（2）成本费用的核算方法应当前后一致。

（3）成本费用核算应当为企业未来决策提供有用信息。

（4）成本的确认和计量应当符合国家统一的会计准则、制度的规定。

（5）一定期间的成本费用与相应的收入应当配比。

（6）成本费用的归集、分配、核算应当遵循重要性原则。

（7）成本费用核算应与客观经济事项相一致，以实际发生的金额计价，不得人为降低或提高成本。

（三）核算制度

（1）企业财务部应按照国家统一的会计制度规定，制定成本核算办法。

（2）企业不得随意更改成本费用的确认标准和计量方法，也不得虚列、多列、不列或少列成本费用。

（3）具体核算要求按企业会计核算手册执行。

（四）核算报告

（1）企业财务部要实时监控成本费用的预算执行情况和标准成本控制情况，并按期（每月）编制成本费用内部报表，及时向企业领导层和各责任主体通报成本费用支出情况。目标成本责任主体责任报告如表 15-2 所示。

表 15-2　目标成本责任主体责任报告

_____年___月　　　　　　　　　　　　　单位：元

项目	责任指标	实际指标	指标差异				责任单位
			差异额	差异率	主观	客观	
1.可控制成本 .直接材料 .直接人工 .变动制造费用 .间接材料 .间接人工 .固定制造费用 .大修理费 .办公费 .管理人员工资 ……							
合计							

项目	责任指标	实际指标	指标差异				责任单位
			差异额	差异率	主观	客观	
2. 不可控成本 ……							
合计							
总计							

（2）企业财务部要定期对成本费用报告进行分析，对于实际发生的预算差异或标准成本差异要及时查明原因，并采取相应措施。部门成本控制报告如表15-3所示。

表 15-3　部门成本控制报告

实际业务量：　　　小时　　　　　　　　_____年___月　　　　　　　　单位：元

项目	实际成本	预算成本	差异
变动成本 运输费 电力 消耗材料			
合计			
混合成本 修理费 油料			
合计			
固定成本 折旧费 管理人员费用			
合计			
总计			

四、成本费用会计凭证管理

（1）财务部必须对不真实、不合法成本费用的原始凭证不予受理；对记载不准确、成本费用不完整的原始凭证要予以退回，并要求相关部门或人员及时进行修正或补充。

（2）财务部办理成本费用的核算事项必须填写或取得原始凭证，并根据审核后的原始凭证编制记账凭证。会计、出纳人员记账，都必须在记账凭证的相应位置处签字。

（3）如财务部发现成本费用的账簿记录与实物、款项不符，应及时向企业负责人报告，并请求查明原因，作出处理。

（4）根据企业会计档案管理规定需要归档保存的会计凭证，应由专管档案的会计人员及时入档保存。

（5）财务部应根据成本费用账簿记录编制成本费用会计报表，上报企业负责人并报送有关部门。会计报表每月由会计人员编制并上报一次。会计报表须由会计人员签字或盖章。

五、成本控制报告与纠偏

（一）成本控制报告

成本控制报告又称业绩报告，它是责任会计的重要内容之一。其目的是形成一个正式的报告制度，使员工知道自己的业绩将被衡量、报告和考核，会使其行为与没有考核时大不一样。同时，成本控制报告可以显示过去的工作状况，提供改进工作的线索，指明方向，为各级主管部门纠正偏差和实施奖惩提供依据。

控制报告内容如图 15-2 所示。

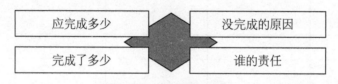

| 应完成多少 | | 没完成的原因 |
| 完成了多少 | | 谁的责任 |

图 15-2　控制报告内容

（二）差异调查

控制报告只是指出了问题的线索，只有通过调查研究找到原因、分清责任，才能采取纠正行动，收到降低成本的实效。发生偏差的原因主要有以下三个方面：

（1）执行人的原因，包括出错、没经验、技术水平低、责任心不足、不协作等；

（2）目标不合理或情况有变化；

（3）成本核算有问题，包括数据的记录、加工和汇总有错误，故意造假等。

（三）纠正偏差

纠正偏差是成本控制系统的目的。如果一个成本控制系统不能揭示成本差异及其产生的原因，也不能揭示由谁对差异负责从而采取某种纠正措施，那么这种控制系统仅仅是一种数字游戏，白白浪费了职能人员的许多时间。

纠正偏差是各责任中心主管人员的主要职责，可以采取的措施主要有以下四项：

（1）重订和修改目标计划；

（2）重新委派任务或明确职责；

（3）增加人员，选拔和培训主管人员或者撤换主管人员；

（4）改进指导和领导工作，为下属提供具体的指导和有效的领导。

第十六章　财务分析

财务分析是评价企业经营业绩及财务状况的重要依据，在企业财务管理中起着重要的作用。通过对企业财务状况的分析，可以了解企业现金流量状况、运营能力、盈利能力、偿债能力；通过分析比较将可能影响经营成果与财务状况的微观因素和宏观因素、主观因素和客观因素加以区分，可以划清责任界限，客观评价经营者的业绩，提高经营管理者的管理水平；进行财务分析可使企业内部管理人员了解经营情况、挖掘潜力，及时发现企业存在的问题，找出经营的薄弱环节，从而改善经营管理模式。

一、财务分析的基础

（一）资产负债表

资产负债表有助于相关人员了解企业的偿债能力、资金营运能力等财务状况。

（二）利润表

利润表可以用来考核企业利润计划的完成情况，有助于报表使用者分析企业的盈利能力以及利润增减变化的原因，预测企业利润的发展趋势。

（三）现金流量表

利用现金流量表，报表使用者可以了解和评价企业获取现金和现金等价物的能力，并据以预测企业未来的现金流量。

二、财务分析的方法

（一）比较分析法（纵向比）

它是通过指标间的对比，从数量上揭示指标间的差异的一种分析方法。其主要作用在于揭示指标间客观存在的差距，并为进一步分析指明方向。这种分析法用于比较的信息既可以是绝对数，也可以是相对数。

（二）比率分析法（横向比）

它是指运用同一张会计报表的不同项目之间、不同类别之间，或两张不同会计报表的有关项目之间的比率关系，从相对数上对企业的财务状况进行分析和考察，借以评价企业的财务状况和经营成果的一种方法。

（三）因素分析法（横向比）

它又称连环替代法，是将一项综合性的指标分解为各项构成因素，顺序用各项因素的实际数替换基数，分析各项因素影响程度的一种方法。

（四）趋势分析法（纵向比）

它是根据企业连续几期的会计报表，比较各期的有关项目金额，以揭示当期财务状况和经营成果增减变化的性质和趋向的一种分析方法。

 相关链接

如何积累财务分析的素材

一、建立台账和数据库

通过会计核算形成了会计凭证、会计账簿和会计报表，但是，编写财务分析报告仅靠这些凭证、账簿、报表的数据往往还不够。例如，在分析经营费用与营业收入的比率增长原因时，往往需要分析不同区域、不同商品、不同责任人实现的收入与费用的关系，但这些数据不能从账簿中直接得到。这就要求分析人员平时要做好数据统计工作，对分析的项目按性质、用途、类别、区域、责任人，按月度、季度、年度进行统计，建立台账，以便在编写财务分析报告时有据可查。

二、关注重要事项

财务经理要对经营运行、财务状况中的重大变动事项勤于做笔录，记录事项发生的时间、计划、预算、责任人及发生变化的各影响因素；必要时马上作出分析判断，并将各部门的文件分类归档。

三、关注企业的经营运行

财务经理应尽可能争取多参加相关会议，以此了解生产、质量、市场、行政、投资、

融资等各类情况。参加会议，听取各方面意见，有利于财务分析和评价。

四、定期收集报表

财务经理除收集会计核算方面的数据之外，还应要求企业生产、采购、市场等相关部门及时提交可利用的其他报表，对这些报表认真审阅，及时发现并总结问题，养成多思考、多研究的习惯。

五、岗位分析

财务分析工作往往由财务经理负责，但分析材料要靠每个岗位的财务人员提供。因此，应要求所有财务人员对本职工作养成分析的习惯。这样既可以提升个人素质，也有利于各岗位之间相互借鉴经验。只有每个岗位都发现问题、分析问题，才能编写出内容全面、有深度的财务分析报告。

三、企业偿债能力分析

企业偿债能力是指企业用其资产偿还长期债务和短期债务的能力，也是反映企业财务状况和经营能力的重要标志。企业偿债能力有静态和动态之分。静态是指用企业资产清偿企业债务的能力；动态是指用企业资产和经营过程创造的收益偿还债务的能力。企业有无支付现金的能力和偿还债务的能力，是企业能否生存和健康发展的关键。企业偿债能力分析是企业财务分析的重要组成部分。

> **特别提示**
>
> 影响企业偿债能力的其他因素包括以下四个。
> （1）或有负债：将来一旦转化为企业现实的负债，就会影响到企业的偿债能力。
> （2）担保责任：在被担保人没有履行合同时，就有可能成为企业的负债，增加企业的财务风险。
> （3）租赁活动：如果经营租赁的业务量较大、期限较长或者具有经常性，那么其对企业的偿债能力也会产生较大的影响。
> （4）可用的银行授信额度：可以提高企业的偿付能力，缓解财务困难。

分析企业偿债能力的指标主要有流动比率、速动比率、现金流动负债比率、资产负债率、利息支付倍数。

（一）流动比率

1.定义及计算公式

流动比率表示每1元流动负债有多少流动资产可作为偿还的保证，反映企业流动资产对流动负债的保障程度。其计算公式如下：

$$流动比率＝流动资产÷流动负债$$

2. 分析要点

一般情况下，该指标越大，表明企业短期偿债能力越强。通常情况下，该指标在2左右较好。在运用该指标分析企业短期偿债能力时，应结合存货的规模大小、周转速度、变现能力和变现价值等指标进行综合分析。如果某企业虽然流动比率很高，但其存货规模大、周转速度慢，就有可能导致存货变现能力弱、变现价值低，那么该企业的实际短期偿债能力就要比该指标反映的弱。而速动比率则能避免发生这种情况，因为速动资产就是指流动资产中容易变现的那部分资产。

（二）速动比率

1. 定义及计算公式

速动比率表示每1元流动负债有多少速动资产可作为偿还的保证，进一步反映企业流动资产对流动负债的保障程度。其计算公式如下：

$$速动比率＝（流动资产－存货净额）÷流动负债$$

2. 分析要点

一般情况下，该指标越大，表明企业短期偿债能力越强。通常情况下，该指标在1左右较好。在运用该指标分析企业短期偿债能力时，应结合应收账款的规模、周转速度和其他应收款的规模，以及它们的变现能力进行综合分析。如果某企业虽然速动比率很高，但应收账款周转速度慢，而且它与其他应收款的规模大、变现能力差，那么该企业较为真实的短期偿债能力要比该指标反映的差。

如果发现某些流动资产项目的变现能力差或无法变现，那么在运用流动比率和速动比率分析企业短期偿债能力时，还应扣除这些项目的影响。

（三）现金流动负债比率

1. 定义及计算公式

现金流动负债比率是企业一定时期内经营现金净流量与流动负债的比率。它可以从现金流量角度反映企业当期偿付短期负债的能力。其计算公式如下：

$$现金流动负债比率＝年经营现金净流量÷年末流动负债$$

2. 分析要点

该指标从现金流入和流出的动态角度对企业的实际偿债能力进行考察，反映本期经营活动所产生的现金净流量足以抵付流动负债的倍数。

一般情况下，该指标大于 1，表示企业流动负债的偿还有可靠保证。该指标越大，表明企业经营活动产生的现金净流量越多，越能保障企业按期偿还债务。但并不是指标越大越好，该指标过大则表明企业现有的生产能力不能充分吸收现有的资产，使资产过多地停留在盈利能力较低的流动资金上（如银行存款只能获取存款利息），从而降低了企业的盈利能力。

（四）资产负债率

1. 定义及计算公式

资产负债率又称债务比率，它是全部负债总额除以全部资产总额的百分比，也就是负债总额与资产总额的比例关系。资产负债率反映在资产总额中有多大比例是通过借债筹资的，用于衡量企业利用债权人资金进行财务活动的能力。同时，它也能反映企业在清算时对债权人利益的保护程度。其计算公式如下：

$$资产负债率 = 负债总额 \div 资产总额 \times 100\%$$

资产负债率是衡量企业负债水平及风险程度的重要指标。

2. 分析要点

资产负债率又称财务杠杆，由于所有者权益不需要偿还，因此财务杠杆越高，债权人所受的保障越低。但并不是说财务杠杆越低越好，因为一定的负债表明企业的管理者能够有效地运用股东的资金，帮助股东用较少的资金进行较大规模的经营，所以财务杠杆过低表明企业没有很好地利用其资金。

通常情况下，企业的资产负债率越大，企业面临的财务风险也就越大。合理、稳健的财务结构的资产负债率应保持在 55% ~ 65%，资产负债率在 70% 以上的，企业应当警惕极易发生财务风险的可能。

（五）利息支付倍数

1. 定义及计算公式

利息支付倍数又称利息保障倍数，它表示息税前利润对利息费用的倍数，反映的是企业负债经营的财务风险程度。其计算公式如下：

$$利息支付倍数 = 息税前利润 \div 利息费用$$
$$= (利润总额 + 利息费用) \div 利息费用$$

公式中的"利息费用"不仅包括财务费用中的利息费用，还包括计入固定资产成本的资本化利息。

2. 分析要点

利息保障倍数不仅反映企业获利能力的大小，而且反映获利能力对偿还到期债务的保证程度。它既是企业举债经营的前提依据，也是衡量企业长期偿债能力大小的重要指标。

要维持正常偿债能力，利息保障倍数应大于1，且比值越高，企业长期偿债能力越强，负债经营的财务风险就越小。如果倍数低于1，则意味着企业赚取的利润根本不足以支付利息，企业将面临亏损、偿债的安全性与稳定性下降的风险。

四、企业营运能力分析

企业运营能力是以企业各项资产的周转速度来衡量企业资产利用的效率。周转速度越快，表明企业的各项资产进入生产、销售等经营环节的速度越快，那么其形成的收入和利润的周期就越短，经营效率也就越高。

一般来说，分析企业运营能力的指标主要有流动资产周转率、存货周转率、应收账款周转率、固定资产周转率、总资产周转率等。

（一）流动资产周转率

1. 定义及计算公式

流动资产周转率既是反映流动资产周转速度的指标，也是综合反映流动资产利用效果的基本指标。它是一定时期内主营业务收入净额和流动资产平均余额的比率。对该指标进行对比分析，可以促进企业加强内部管理，充分利用流动资产。其计算公式如下：

$$流动资产周转次数 ＝ 主营业务收入净额 ÷ 流动资产平均余额$$
$$流动资产周转天数 ＝ 计算期天数 ÷ 流动资产周转次数$$

对于计算期天数，为了计算方便，全年按360天计算，全季按90天计算，全月按30天计算。对于流动资产平均余额的确定，要注意用平均占用额而不能用期末或期初占用额。周转额一般是指企业在报告期完成了从货币到商品再到货币这一循环过程的流动资产数额。

2. 分析要点

流动资产在一定时期内的周转次数越多，每周转一次所需要的天数越少，周转速度就越快，流动资产运营能力就越好；反之，周转速度越慢，流动资产运营能力也就越差。

（二）存货周转率

1. 定义及计算公式

存货周转率是企业在一定时期内销售（营业）成本与存货平均余额的比率，用于反映存货周转速度，即存货占用资金的合理性。因此，存货周转率指标有两种不同计价基础的计算方式，具体计算公式如下：

$$成本基础的存货周转率 = 销售（营业）成本 \div 存货平均余额 \times 100\%$$

$$收入基础的存货周转率 = 销售（营业）收入 \div 存货平均余额 \times 100\%$$

$$存货周转天数 = 360 \div 存货周转率$$

2. 分析要点

一般来说，存货周转率越高，存货积压的风险越小，资金使用效率就越高；相反，存货周转率低，表明企业在存货管理上存在较多问题。

影响存货周转率的因素有很多，但它主要受材料周转率、在产品周转率和产成品周转率的影响。通过不同时期存货周转率的比较，可评价存货管理水平，查找出影响存货利用效果变动的原因，不断提高存货管理水平。

特别提示

存货周转速度偏低，可能由以下三个原因引起：

（1）经营不善，产品滞销；

（2）预测存货将升值，而故意囤积居奇，以等待时机获取重利；

（3）企业销售政策发生变化。

（三）应收账款周转率

1. 定义及计算公式

应收账款周转率反映应收账款的变现速度，它是对流动资产周转率的补充说明。其计算公式如下：

$$应收账款周转率 = 销售（营业）收入净额 \div 应收账款平均余额 \times 100\%$$

$$应收账款平均余额 = （期初应收账款 + 期末应收账款） \div 2$$

$$应收账款周转天数 = 360天 \div 应收账款周转率$$

2. 应收账款周转率分析的意义

应收账款周转率反映的是企业应收账款变现速度的快慢及管理效率的高低。周转率高，表明企业收账迅速，账龄期限较短，可以减少收账费用和坏账损失，从而相对增加企业流动资产的投资收益。

当然，周转率过高，不利于企业扩大销售，也不利于企业提高产品市场占有率。因此，企业应加强对应收账款的管理，管理的目标应是在发挥应收账款强化竞争、扩大销售的作用的同时，尽可能降低应收账款投资的机会成本、坏账损失与管理成本。

具体来说，企业应制定严格、合理、有效的应收账款管理措施。

相关链接

应收账款管理措施

一、制定合理的信用标准

制定合理的信用标准是指对客户制定出要获得赊销必须具备的条件，这些条件主要包括以下三个方面：

（1）偿债能力指标，通常以流动比率、速动比率、现金比率、产权比率等作为标准。

（2）运营能力指标，通常以存货周转率、应收账款周转率等作为标准。

（3）盈利能力指标，通常以已获利息倍数、总资产息税前利润率、净资产收益率等作为标准。

只有这些指标达到一定的标准，企业才能进行赊销；否则，宁可不销，也要避免坏账的产生。

信用标准定得过高，有利于降低违约风险及收账费用；但不利之处是使许多客户因信用品质达不到标准而被拒之门外，从而影响企业市场竞争力的提高和销售收入的扩大。

相反，企业采用较低的信用标准，虽然有利于扩大销售，提高市场竞争力和占有率，但需要承担较大的坏账损失风险和支付较高的收账费用。

这样一来，企业就要根据自身抗风险能力、市场竞争激烈程度、客户的资信程度等，来确定一个既为客户所接受又有利于企业销售的信用标准。

二、制定合适的信用条件

制定合适的信用条件即制定具体的客户付款条件，主要包括信用期限（企业要求客户付款的最长期限）、折扣期限（客户获得折扣的付款期限）、现金折扣（客户在折扣期内付款获得的现金折扣率）。

三、制定有效的收账方针

当客户违反信用条件，拖欠甚至拒付账款时，企业应及时采取有效措施，加以催收。企业应根据欠款的多少、不同信用品质的客户，采取不同的措施，要多渠道、多方法、有重点地催收。

总而言之，计算并分析应收账款周转率的目的在于促进企业通过制定合理赊销政策、严格购销合同管理、及时结算等途径，加强应收账款的前期、中期和后期的管理，加快应收账款的回收速度。

3. 应收账款周转率的分析要点

应收账款周转率的分析要点如图 16-1 所示。

要点一	影响应收账款周转率下降的原因主要是企业的信用政策、客户故意拖延和客户财务困难
要点二	应收账款是时点指标，易受季节性、偶然性和人为因素的影响。为了使该指标尽可能接近实际值，计算平均数时应采用尽可能详细的资料
要点三	过高的应收账款周转率可能是由紧缩的信用政策引起的，其结果可能危及企业的销售增长，损害企业的市场占有率
要点四	如现金销售比例越大，则该比率作用越小
要点五	如销售波动越大，则该比率被歪曲的可能性越大

图 16-1　应收账款周转率的分析要点

（四）固定资产周转率

1. 定义及计算公式

固定资产周转率是企业在一定时期内所实现的收入与平均固定资产净值之间的比率。其计算公式如下：

$$固定资产周转率＝销售（营业）收入净额÷平均固定资产净值×100\%$$

$$固定资产周转天数＝360÷固定资产周转率$$

2. 分析要点

固定资产周转率指标的数值越大，表示一定时期内固定资产提供的收入越多，说明固定资产利用效果越好。因为收入指标比总产值更能准确地反映经济效益，所以固定资产周转率能更好地反映固定资产的利用效果。

固定资产周转率高，表明企业固定资产投资得当，固定资产结构合理，能够充分发挥效率；反之，则表明固定资产使用效率低，其提供的生产成果少，企业的运营能力弱。

特别提示

固定资产结构合理是指企业生产用和非生产用固定资产保持一个恰当的比例，即生产用固定资产应全部投入使用，能满足负荷运行，并能完全满足生产经营的需要，非生产用固定资产应能确实担当起服务的职责。

（五）总资产周转率

1. 定义及计算公式

总资产周转率是综合评价企业全部资产经营质量和利用效率的重要指标。其计算公式如下：

$$总资产周转率＝销售（营业）收入净额÷平均资产余额×100\%$$
$$总资产周转天数＝360÷总资产周转率$$

2. 分析要点

该指标反映了企业收入与资产占用之间的关系。通常情况下，总资产周转率越高，表明企业全部资产运营能力越强、运营效率越高。

由于总资产由流动资产、固定资产、长期投资、无形资产等组成，因此总资产周转率的高低取决于这些资产的利用效率，企业可分项进行计算和分析，从中找到影响总资产周转率高低的原因，以便采取相应对策，解决存在的问题。

要对总资产周转率作出客观、全面的分析，企业还应从以下两个方面着手：

（1）纵向比较，对企业近几年的总资产周转率进行对比；

（2）横向比较，将本企业与同类企业的总资产周转率进行对比。

通过纵向和横向的比较，可以发现企业在资产利用上取得的成绩与存在的问题，从而促使企业加强经营管理，提高总资产利用率。

 **相关链接**

影响总资产周转率高低的因素

影响总资产周转率高低的因素主要有以下两个。

一、流动资产周转率

因为流动资产的周转速度往往高于其他类资产的周转速度，所以加速流动资产周转，就会使总资产周转速度加快；反之，则会使总资产周转速度减慢。

二、流动资产占总资产的比重

因为流动资产的周转速度快于其他类资产的周转速度，所以企业流动资产所占比例越大，总资产周转速度越快；反之，总资产周转速度越慢。

五、企业盈利能力分析

企业盈利能力是指企业获取利润的能力。利润是投资者、债权人和经营者等有关各方都关心的核心问题，是投资者取得投资收益、债权人收取本息的资金来源，是经营者经营业绩和管理效能的集中表现，也是职工集体福利设施不断完善的重要保障。只有保持长期盈利，企业才能真正做到持续经营。因此，无论是投资者还是债权人，都要非常重视反映企业盈利能力的比率。

下面利用会计报表中所提供的信息，从表 16-1 所示的五个角度来分析企业的盈利能力。

表 16-1　企业盈利能力分析指标

企业盈利能力分析指标	意义
销售毛利率	商品的竞争力
销售利润率	行业的盈利水平
资产净利率	企业的管理水平
净资产收益率	投资者的回报
市盈率	从市场的角度看盈利

（一）销售毛利率

1. 定义及计算公式

销售毛利率反映企业产品或商品销售的初始获利能力，从企业营销策略来看，没有足够大的毛利率便不能形成较大的盈利。其计算公式如下：

$$销售毛利率 = 销售毛利 \div 销售收入 \times 100\%$$

$$= （销售收入 - 销货成本）\div 销售收入 \times 100\%$$

毛利是指净销售收入与销货成本之间的差额，而销货成本则是期初存货加上期间进货再减去期末存货的结果。

有的企业还经常使用销货成本率，其计算公式如下：

$$销货成本率 = 销货成本 \div 销售净额 \times 100\%$$

销货成本率实际上等于 1 减去毛利率后的得数；反过来说，毛利率等于 1 减去销货成本率。

总而言之，毛利率或销货成本率是商品售价与生产成本各种组合关系的反映，而售价和成本又直接受销售数量的影响。

2.分析要点

销售毛利率主要考察的是企业商品在市场中竞争能力的强弱。如果企业的销售毛利率高，那么企业商品在市场中的竞争能力就强；相反，如果销售毛利率低，则说明企业商品的市场竞争力弱。

相关链接

导致毛利率下降的原因

导致毛利率下降的原因主要有以下四个：

（1）因竞争而降低售价；

（2）购货成本或生产成本上升；

（3）生产或经销的产品或商品的结构发生变化——毛利率水平较高的产品（商品）的生产（销售）量占总量的比重下降，其原因可能是市场发生了变化；

（4）发生严重的存货损失（指在定期实地盘存制下）。

假如企业的毛利率或销货成本率发生了变化，其原因分析可从以下三个方面着手。

（1）是原材料、中间产品的成本增加了，还是支付给工人的工资增加了，抑或是能源及其他公用事业费用提高了？

（2）是薄利的商品卖多了，还是由于市场竞争激烈企业被迫减价出售商品？

（3）是生产技术、营销手段过时、落后，还是新近开发投产的新产品的成本过高？

会计制度或准则中有关存货和折旧等处理方法变更引起企业当期利润减少等，这些原因都有可能引起企业的销货成本率提高和毛利率下降。

（二）销售利润率

1.定义及计算公式

销售利润率是企业在一定时期内销售利润总额与销售收入总额的比率。它表明了单位销售收入所获得的利润，反映的是销售收入和利润的关系。其计算公式如下：

$$销售利润率＝利润总额÷营业收入×100\%$$

息税前利润率又称基本获利率，它是企业的息税前利润与营业收入之比，反映了企业总体的获利能力。其计算公式如下：

$$息税前利润率＝（利润总额＋利息费用）÷营业收入×100\%$$

该指标不考虑企业资金来源，可消除由于举债经营而支付的利息对利润水平产生的影响，便于企业进行前期和后期的分析比较。

2. 销售利润率的意义

这一比率的意义在于，该指标的变化反映了企业经营理财状况的稳定性、面临的危险或可能出现的转机。

销售利润率体现了企业经营活动最基本的盈利能力，如果一家企业没有足够大的销售利润率，将很难形成最终利润。因此，将销售利润率与企业的销售收入、销售成本等因素结合起来进行分析，就能够充分揭示出企业在成本控制、费用管理、产品销售以及经营策略等方面的成绩与不足。同时，如该指标高，则说明企业产品定价科学，产品附加值高，营销策略得当，主营业务市场竞争力强，发展潜力大，盈利水平高。

3. 分析要点

（1）结果越大，说明每百元销售收入净额所取得的利润总额越多。

（2）销售利润率比营业利润率更具综合性。

（三）资产净利率

1. 定义及计算公式

资产净利率是指企业在一定时期内的净利润与资产平均总额的比率。资产净利率充分体现了企业利用全部资产的获利能力，其计算公式如下：

$$资产净利率 = 净利润 \div 资产平均总额 \times 100\%$$

2. 比率的意义及分析要点

该比率的意义在于，将该比率与息税前利润率作比较，可以反映财务杠杆及所得税对企业最终的资产获利水平的影响。

一般认为，该比率越高，表明资产利用的效益越好，整个企业获利能力越强，经营管理水平越高。

例如，某公司资产净利率的计算如表16-2所示。

表16-2 公司资产净利率计算表

单位：万元

年份	2020年	2021年	2022年
净利润	10289	23066	25387
资产平均总额	761954	859123	897041
资产净利率	1.35%	2.68%	2.83%

由表16-2可知，近三年来该公司资产净利率呈上升趋势，特别是2021年上升幅度较大，这可能与市场波动有关，但该公司资产净利率较低，属于微利企业。

（四）净资产收益率

1. 定义及计算公式

净资产收益率是企业税后利润除以净资产得到的比率，用以衡量企业运用自有资本的效率。净资产收益率可衡量企业对股东投入资本的利用效率，其计算公式如下：

$$净资产收益率＝净利润÷净资产平均余额×100\%$$

2. 分析要点

（1）净资产收益率越高，说明股东投资的收益水平越高，盈利能力越强，企业经营能力越强；反之，则收益水平较低，获利能力较弱。

（2）月净资产收益率与年净资产收益率应换算。

（五）市盈率

1. 定义及计算公式

市盈率是股份企业或者上市企业中表明企业盈利能力的指标。其计算公式如下：

$$市盈率＝股票的现价÷每股盈余$$

2. 分析要点

市盈率表明股票价格与企业盈利有直接关系。市盈率越高，表明市场对企业股票的认同度越高；相反，市盈率越低，表明市场对企业股票的认同度越低。当然，在一个不断发生变化的市场中，股票价格与企业盈利的关系不是很明显。因为股票的价格除了受经济因素的影响，还受非经济因素的影响。

六、企业增长能力分析

从财务角度看，企业的发展必须具有可持续性的特征。增长能力分析的指标主要有销售增长率、营业利润增长率、净利润增长率。

（一）销售增长率

1. 定义及计算公式

销售增长率是指企业本年销售增长额与上年销售额之间的比率，反映的是销售的增减变动情况，是评价企业成长状况和发展能力的重要指标。其计算公式如下：

$$销售增长率＝本年销售增长额÷上年销售收入总额×100\%$$

= （本年销售收入 - 上年销售收入）÷ 上年销售收入总额 × 100%

销售增长率反映了企业本期销售收入的相对变化，主要用于评价企业短期经营状况、市场占有能力和企业销售业务的拓展能力。

2. 指标的意义

销售增长率越大，说明销售情况越好。

销售的增长需要与利润增长匹配起来。如果销售增长率为 100%，但是利润增长率仅为 10%，那就说明企业的销售质量还不够高。

销售增长率越大，说明销售增长速度越快，市场前景越好，企业近期盈利能力越强。该指标若小于零，表明本企业销售萎缩，市场份额减少，可能是产品不适销对路、售后服务欠佳或已被竞争产品替代。只有不断地创新，开发新产品；提升服务质量，才能立足市场，为企业带来高收入和高利润。

但是，销售增长率仅仅反映近期销售收入的实际变动情况，无法确定未来变动趋势。

3. 分析要点

在进行销售增长率分析时应结合企业历年的销售情况、企业市场占有情况、行业未来发展及其他影响企业发展的潜在因素进行前瞻性预测。同时，在分析过程中应确定比较标准，分别与同类企业和同行业平均水平进行比较。

另外，销售增长率直接将本年销售收入增长额与上年实际销售额进行比较，会受到上年销售基数的影响。一些偶然性因素，如自然灾害、生产事故等，可能导致上年或本年销售收入异常，造成销售收入增长率偏高或偏低。在这种情况下，如果上年销售收入总额特别小，即使本年销售收入较常年并没有大幅增长，也会出现较大的增长额，从而使销售增长率偏高，难以反映实际的销售情况。

比如，某企业上年受自然灾害影响，销售收入总额仅为 200 万元，而本年销售收入总额为 1000 万元，则销售增长率为（1000-200）÷ 200 × 100%=400%，显然，这一指标值出现异常，即使是销售增长率为 400%，也不能认为企业具有很强的发展能力。

（二）营业利润增长率

营业利润增长率是企业本年营业利润增长额与上年营业利润总额的比率，反映的是企业营业利润的增减变动情况。

营业利润增长率的计算公式为：

营业利润增长率 = （本期营业利润 - 上期营业利润）÷ 上期营业利润 × 100%

该指标如高于销售增长率，说明企业处于成长期，盈利能力在提高；反之，该指标如低于销售增长率，则说明成本、费用提高快于销售的增长，发展潜力值得进一步考查。

（三）净利润增长率

净利润增长率指的是企业当期净利润相较于上期净利润的增长幅度，指标值越大代表企业盈利能力越强。净利润增长率的计算公式为：

净利润增长率＝（本期净利润总额－上期净利润总额）÷上期净利润总额×100%

该指标越高，说明企业的收益增长越快，对股东越有利。

第十七章　财务危机

财务危机又称"财务困境"，指的是企业或个人资金链无法偿还债务或支付日常开销的情况。破产是财务危机的一种结果。财务危机是导致企业生存危机的重要因素，因此，企业需要针对可能造成财务危机的因素，采取监测和预防措施，及早防范财务风险，控制财务危机。

一、财务危机的表现形式与特征

（一）企业财务危机的含义及表现形式

财务危机是由种种原因导致的企业财务状况持续恶化，财务风险加剧，出现不能清偿到期债务的信用危机，直至最终破产的一系列事件的总称。

财务危机从总体上说是支付能力缺乏或者支付能力丧失，但具体地看，却存在多种表现形式：

（1）从资产存量角度看，企业总资产的账面净值相当于或小于账面记录的负债金额，即企业净资产小于或等于零。当企业净资产为负值时，就是所谓的"资不抵债"，说明企业已经事实上破产。

（2）从可持续经营角度看，企业主营业务量持续负增长，市场销售黯淡，盈利能力差，存在数额巨大的未弥补亏损。

（3）从现金流量角度看，企业现金流入小于现金流出，经营性现金净流量为负值，并常常伴有资金流量萎缩的情况，一些必要的约束性支出被压缩或拖欠，且这种现金流量的非正常情况处于长期的持续状态，其应履行的偿债义务受到阻碍。

（4）由于经常拖欠应付款项，企业信用丧失，难以从供给商、金融机构或资本市场等相应融资渠道筹集必需的补充资金，用来维持日常支出或根本的偿债需求，企业资金来源日益枯竭，从而步入恶性循环，导致企业发生严重财务危机而不得不宣告破产。

（二）企业财务危机的特征

从财务危机的定义可以看出，它指的是企业无力支付到期债务或费用的一种经济现象，财务危机的特征可以概括为图 17-1 所示的几点。

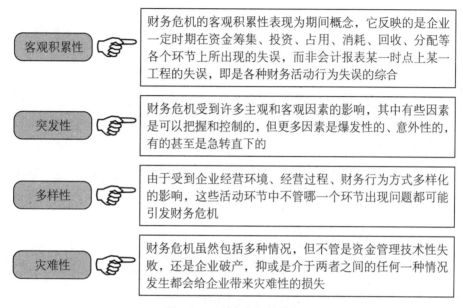

客观积累性	财务危机的客观积累性表现为期间概念，它反映的是企业一定时期在资金筹集、投资、占用、消耗、回收、分配等各个环节上所出现的失误，而非会计报表某一时点上某一工程的失误，即是各种财务活动行为失误的综合
突发性	财务危机受到许多主观和客观因素的影响，其中有些因素是可以把握和控制的，但更多因素是爆发性的、意外性的，有的甚至是急转直下的
多样性	由于受到企业经营环境、经营过程、财务行为方式多样化的影响，这些活动环节中不管哪一个环节出现问题都可能引发财务危机
灾难性	财务危机虽然包括多种情况，但不管是资金管理技术性失败，还是企业破产，抑或是介于两者之间的任何一种情况发生都会给企业带来灾难性的损失

图 17-1 财务危机的特征

二、企业财务危机的基本征兆和判断依据

（一）企业财务危机的基本征兆

企业要想成功地应对企业财务危机，就一定要充分认识和深度把握各种财务危机的表现特征。财务危机的基本征兆主要表现如下。

1. 经营状况明显恶化

从企业发现经营状况恶化到演变成财务危机虽然还有一定时期，但是如果恶化累积而没有应对措施，从理论上来讲就必然导致企业的财务危机。经营恶化的主要表现形式有非计划的存货积压、销售额的非预期下跌、平均收账期延长、市场占有率较大幅度下降、投资决策失误、盲目扩张、市场竞争力低下，企业自身交易记录恶化、营销队伍不力等。

2. 财务状况明显恶化

企业觉察财务危机最显著的征兆可能就是企业财务状况明显恶化。其包含的内容很多，突出表现在企业的现金周转失控、营运资金供应困难、偿债能力明显减弱、负债比例居高不下、企业成本和费用严重超支等。企业财务状况恶化很容易导致企业经营和财务的彻底失败，它是企业最显著的危机信号，企业必须时刻严密监控相关财务指标的波动，当指标不正常时，及时采取有效的措施加以应对。

3. 经营效率明显低下

如果企业在较长一段时期内经营效率低下，就说明企业已逐步丧失其持续成长的能力，并且正在不断衰退。企业经营效率持续低下侧面说明企业无法获得应有的利润，甚至亏损，企业的资本和净资产等都不能增值。企业应时刻关注这些指标，提高经营效率，避免财务危机。

4. 经营环境明显恶化

企业经营环境的明显恶化，往往是导致企业财务危机产生的重要因素，但许多企业缺乏对环境变化的高度敏感性。此方面的缺失严重影响到中小企业的发展。

5. 财务制度管理混乱

企业一定时期出现的财务控制能力低下和财务管理制度混乱，往往是导致企业财务失败的重要因素。

（二）财务危机的判断依据

财务分析作为一种评价企业财务状况、衡量其经营业绩的重要依据与手段，也是研究企业是否陷入财务危机的重要依据。其主要指标包括以下几个方面。

1. 营运能力指标特征

营运能力用来衡量企业对资产的周转能力及资产的运用效率。营运能力指标包括应收账款周转率、存货周转率等。若这些小指标的比率较低，则说明企业除速动资产以外的流动资产变现能力较差，财务状况异常，这不但会限制企业的发展，而且资金链容易断裂，随时可能发生企业危机。

2. 偿债能力指标特征

偿债能力指标分为长期指标和短期指标。长期指标主要包括资产负债率、产权比率等，用以衡量企业偿还长期负债的能力；短期指标主要包括速动比率、流动比率、现金流量比率等，用以衡量企业偿还短期负债的能力。长期指标比率偏高或短期指标数值偏小，企业存货与应收账款数额较大，企业资产主要来源于借债，一旦发生经济波动，企业将没有足够的货币资金偿还近期到期的债务，容易导致企业陷入财务危机。

3. 现金流量能力指标特征分析

现金流量指标主要反映企业的现金获取能力以及运用能力，包括资产现金回收率、外部融资比率、营业现金比率等。如果这些比率偏低，那么说明企业在发展过程中没有可靠的资金来源，所以企业无法有效和高效地获取资金、利用资产创造新的财富，从而限制企业的经营发展，再加之其成本费用水平较高，在激烈的市场竞争中，较易陷入财务危机。部分企业如果已经上市，那么还可以针对一些非财务指标进行分析，以确保分析结果和判断依据更加准确。这些指标主要有董事会与监事会成员构成、股权结构和上市公司的年度审计意见等，也可以用来判断企业是否将面临财务危机。

4. 盈利能力指标特征

盈利能力指标主要衡量企业获取利润的能力，主要通过营业净利率、营业毛利率、总资产净利率、成本费用利润率、资本收益率、总资产报酬率等判断企业是否有导致引发财务危机的可能性。这些比率如果偏低则说明企业利用资产状况糟糕，无法发挥其作用，生产经营存在很大的不确定性，企业陷入财务危机就不难预料。

三、财务危机的形成原因

企业财务风险产生的原因很多，既有企业自身的内部原因，也有企业外部的原因，而且不同的财务风险形成的具体原因也不尽相同。

（一）内部原因

1. 企业财务决策缺乏科学性

目前，我国财务决策广泛存在主观决策和经验决策的状况，尤其是表现在固定资产的投资中。企业在对投资项目进行决策的过程中，由于财务管理的意识不够，未能考虑项目的现金流量及投资项目的各方面环境，财务决策缺乏科学性，从而造成投资失误，不能够实现项目的预计收益，从而带来财务危机。

2. 企业财务人员的风险意识淡薄

在以往的财务管理过程中，财务人员认为只要按照计划利用企业的资金就不会导致财务危机，财务危机的客观性导致这一认识从根本上就是错误的，这是导致财务风险产生的重要原因。同时，缺乏控制偏差和处理突发危机事件的经验，企业防范和控制风险的能力较弱，导致其危机发生时束手无策。

3. 企业应收账款和存货管理机制不健全

目前，我国企业的流动资产比例普遍偏低，企业为增加产品的市场占有率，经常会采用应收账款方式销售产品，但在收回应收账款的过程中，会出现以下问题：一方面，对客户的信用水平和经营状况不够了解，造成大量应收账款不能收回，形成坏账损失；另一方面，债务人长期占用本企业资金，影响本企业资金的流动性。同时，在流动资产中，存货的比重相对较大，甚至有一部分超储积压商品。由于存货的变现能力较低，大量的存货不仅降低了流动资金的比重，同时也增加了企业的管理费用，也不利于企业的资金周转。此外，企业长期持有存货还要承担因存货市场价格下跌而产生损失的风险。

4. 缺乏完善的内部财务监控机制

内部财务监控是企业财务管理系统中一个相当独特的系统，为使其更能充分发挥其职能作用，企业不仅应设置独立的组织机构，更重要的是还要根据本企业的特点，建立一套比较完整的、强有力的、系统的内部财务监控机制，这样才能保证企业内部财务监控系统的高效运行。而我国企业大多还未建立内部财务监控机制，有些已建立财务监督制度的企业，大多数也只是将其作为摆设，根本没有有效地执行，并且由于缺乏资产损失的责任追究制度，企业财务风险极易发生。

5. 企业财务管理内部控制制度不健全

企业建立内部控制制度的目的就是督促各项资金的合理使用，以产生更大的经济效益。但是在现阶段，部分企业的内部控制制度与企业财务管理制度合并在一起，未能有效地对财务资金的投资和收回情况进行监管，内部控制制度形同虚设，必然造成财务风险的加剧。

（二）外部原因

1. 企业财务管理不适应国家宏观环境的变化

财务管理受法律环境、经济环境、社会文化环境等因素的影响，这些因素的变化是企业无法控制的，任何一个环境因素的突变都可能使企业陷入财务风险中。比如，汇率的变化必然会产生汇率风险，导致企业国际贸易收支不平衡，带来汇兑损失。

2. 利率水平和外汇汇率水平的影响

（1）如果企业采用外币筹集资金，那么利率的上下波动变化也会导致企业产生财务风险。

（2）汇率的上下变动还会直接影响进出口企业的收益。

（3）企业以借款等方式筹集资金，当合同利率一定的时候，市场上利率的降低会无形之中加重企业的付息压力，而采用浮动利率时，市场利率的上升也会使企业付出相较于原本合同水平较高的利息，这两种情况都会加重企业的财务危机。

3. 企业资本结构不合理

企业筹资主要通过发行股票或者债务两种方式。但股票筹资的资本成本较高，所以我国企业更多采用债务方式，在企业资本结构中债务比率较高，甚至企业的资本结构严重畸形。这种情况是非常危险的，当企业短期资金无法周转，或者说无法支付短期利息时，就会造成企业经济上陷入困境，同时也会降低企业信誉，引发一系列反应，带来财务危机，最终可能致使企业建造多年的财务大厦瞬间倒塌。

四、财务危机的防范

产生财务危机的原因是多方面的，这就要求企业在日常的经营过程中，要密切关注财务指标的变化，建立完善的财务危机预防体系，制定有效的应对措施，对其实施防范。

（一）强化危机意识，加强财务管理

企业要有效防范财务危机的发生，就要加强企业自身的危机意识，要从思想认识上重视起来。加强对企业内部风险防范的教育，树立员工尤其是领导干部防范财务风险的意识，确保企业健康有序地发展。

（二）加强财务控制

在加强危机意识的基础上，企业还要不断加强财务控制运作，使财务控制工作真正落到实处，充分发挥其作用，准确而真实地反映企业的财务状况，使企业的管理者能够及时获得准确可靠的财务信息，进行有效管理，从而做好企业的财务危机控制。

1. 组织规划控制

根据财务控制的要求，企业在确定和完善组织结构的过程中，应当遵循不相容职务相别离的原则，即一个人不能兼任同一部门财务活动中的不同职务。企业的经济活动通常划分为五个步骤：授权、签发、核准、执行和记录。如果上述每一步骤由相对独立的人员或部门实施，就能够保证不相容职务的别离，便于财务控制作用的发挥。

2. 授权批准控制

授权批准控制是指对企业内部部门或员工处理经济业务的权限控制，企业内部某个部门或某个员工在处理经济业务时，必须经过授权批准才能进行，否则就无权进行，授权批准控制可以保证员工既定方针的执行和限制滥用职权。授权批准的根本要求是：首先，要明确一般授权与特定授权的界限和责任；其次，要明确每类经济业务的授权批准程序；最后，要建立必要的检查制度，以保证经授权后所处理的经济业务的工作质量。

3. 预算控制

预算控制是财务控制的一个重要方面，包括筹资、融资、采购、生产、销售、投资、管理等经营活动的全过程。其根本要求是：第一，所编制的预算必须表达企业的经营管理目标，并明确责任；第二，预算在执行中，应当允许经过授权批准，对预算进行调整，以便预算更加切合实际；第三，应当及时或定期反映预算的执行情况。

4. 实物资产控制

实物资产控制主要包括限制接近控制和定期清查控制两种。限制接近控制是控制对实物资产及与实物资产有关的文件的接触，如现金、银行存款、有价证券和存货等，除出纳人员和仓库保管人员外，其他人员则限制接触，以保证资产的平安；定期清查控制是指定期进行实物资产清查，保证实物资产的实有数量与账面记载相符，如账实不符，应查明原因并及时处理。

5. 本钱控制

本钱控制分粗放型本钱控制和集约型本钱控制。粗放型本钱控制是从原材料采购到产品的最终售出进行控制的方法，具体包括原材料采购本钱控制、材料使用本钱控制和产品销售本钱控制三个方面；集约型本钱控制是指通过生产技术的改善来降低本钱和（或）通过产品工艺的改善来降低本钱。

6. 风险控制

风险控制就是尽可能地防止和避免出现不利于企业经营目标实现的各种风险。在这些风险中，经营风险和财务风险显得极为重要。经营风险是指因生产经营方面的原因而给企业盈利带来的不确定性，而财务风险又称筹资风险，是指由于举债而给企业财务带来的不确定性。由于经营风险和财务风险对企业的发展具有很大的影响，因此企业在进行各种决策时，必须尽力躲避这两种风险。比如企业举债经营，尽管可以缓解企业运转资金短缺的压力，但由于借入的资金需还本付息，到期一旦企业无力归还债务，必然使企业陷入财务困境。

7. 审计控制

审计控制主要是指内部审计，它是对会计的控制和再监督。内部审计是在一个组织内部对各种经营活动与控制系统的独立评价，以确定既定政策和程序是否得到贯彻，建立的标准是否有利于资源的合理利用，以及单位的目标是否达到。内部审计的内容十分广泛，一般包括内部财务审计和内部经费管理审计。内部审计对会计资料的监督、审查，既是财务控制的有效手段，也是保证会计资料真实、完整的重要措施。

（三）建立财务危机预警系统和预警指标体系

企业财务危机的发生，很大程度上就在于没有建立对财务状况的预测、监测和预警机制。因此，对于现代企业来说，建立一个运行良好的财务危机预警系统是非常重要的。为了充分有效地发挥财务危机预警系统的功能，应当设置表17-1所示的财务危机预警指标体系。

表17-1　财务危机预警指标体系

一级指标（警情指标）	二级指标（警兆指标）		
	核心指标	预警界限	补充指标
安全性	1. 安全边际率 2. 经营杠杆	28%～32% 3～5	1. 安全边际 2. 损益平衡点 3. 安全生产成本

一级指标 （警情指标）	二级指标（警兆指标）		
	核心指标	预警界限	补充指标
短期偿债能力	1. 流动比率 2. 速动比率 3. 营运资金百分比	2 3 −9.3%	现金流量比负债
长期偿债能力	1. 资产负债率 2. 资产净值负债率	0.75 1	1. 产权比率 2. 有形净值负债率
营运能力	1. 应收账款周转率 2. 存货周转率	4 6	1. 固定资产周转率 2. 总资产周转率 3. 营运资金周转率
盈利能力	1. 销售利润率 2. 投资收益率 3. 资产报酬率	4.5% 6.5% 5.0%	1. 已获利息倍数 2. 成本费用利润率 3. 股东权益利润率
成长能力	资本保值增值率	5.0%	1. 销售增长率 2. 净利增长率

（四）建立财务危机防范机制

在生产经营过程中，企业除建立财务危机预警系统和预警指标体系外，还应建立行之有效的防范机制，通过有效的防范机制来化解财务出现的危机。建立防范机制可从以下几个方面着手：一是加强预测财务危机的管理，运用财务危机预警指标对企业在负债过程中所涉及的因素和各个环节进行分析，评估各种不利因素引发财务危机的可能性以及程度强弱，及时采取切实可行的措施，防止发生财务危机。二是事前预防，即针对企业的资本经营活动制定防范危机的一套或者多套方案，尽量避免发生危机。三是加强对事中或事后危机的控制，在危机可能发生或已经发生时，通过严密的危机处理计划，使用一定的手段和方法，快速制定处理方案，及时控制和扭转局面，最大限度地避免或减少危机造成的损失。

（五）加强企业筹资管理，建立合理的资本结构

企业想要壮大发展，仅仅依靠自有资金还是不够的，需要通过各种渠道和手段来筹集资金，如发行股票、发行公司债券、向银行借款等。企业在甄选资金来源渠道时，应充分考虑到企业自身的状况，如承受能力和盈利能力，科学合理地利用财务杠杆，建立合理的资本结构，选择最佳的融资组合，降低融资成本，将企业的资产负债率保持在一个合理的范围内，从而保证企业资产的流动性，降低企业的偿债风险，使财务风险降到最低，最终实现企业价值的最优化。

五、财务危机的应对

（一）按应急预案行动

在各类危机预防措施中，相对于建立预警系统、设立风险基金等手段，做好应急预案是控制潜在危机花费最少、操作也最为方便的方法。应急预案应具体包括对各种可能的财务危机形态的表现和原因进行分类，每一类财务危机的应对手段，需要使用的人财物准备，涉及人员的责任分工和总负责人的选择等。应急预案的设立还要注意可行性、留有余地和动态调整等，保证危机来临时能真正发挥切实作用。

（二）财务危机沟通

沟通的目的是及时说明危机的真相，澄清事实，消除谣言，防止危机扩大化。

在财务危机发生时，很多企业往往试图掩盖危机信息，以尽力维护当前财务环境，为企业获得周转资金化解危机赢得时间。但在信息化高度发展的今天，这几乎已是不可能完成的任务。债权人应收债务稍有拖延，便会通过各种渠道打探企业财务状况，加上竞争对手的恶意攻击、社会各界的种种猜测，会使企业声望急速下降，严重的甚至引发财务挤兑等社会现象，使危机范围急剧扩大、危机程度急剧加深。

此时，企业应本着坦诚自信的态度，开诚布公地向存有疑虑的目标公众说明危机的真相和程度，澄清事实，以求得公众的理解与支持，不给谣言制造机会。必要时，可以请相关公众参与危机的解决，把危机限制在最小的范围和最低的程度。

（三）发布系列应对措施，重塑企业财务形象

随着对危机情况的坦诚说明，企业还应真诚地道歉，解释不足以让公众满意，公众最终需要的是企业的偿债能力和持续经营能力。为此，企业还应依据应急预案的设定，迅速发布系列应对危机的措施，包括对债务的延期偿付时间表、偿付能力的保证以及企业以后经营发展的方案规划等，这些措施应尽可能地做到言之有据、切实可行，奠定好赢得公众理解与支持的基础，重塑企业财务形象。

第十八章　税务管理

一、企业税务管理的目标与原则

（一）企业税务管理的目标

1. 降低企业税收成本

加强企业税务管理有助于降低企业税收成本，实现企业财务目标。企业可以通过加强税务管理，运用多种税务管理方法，降低企业税收成本，提高效益，这也是企业税务管理的核心作用。

2. 提高企业竞争力

加强企业税务管理有助于合理配置企业资源，提高企业竞争力。通过加强企业税务管理，企业可以快速掌握、正确理解国家税收政策，进行合理的投资、融资和技术转型，进而优化资源的合理配置，提高企业竞争力。

3. 降低企业税收相关风险

加强企业税务管理有助于降低企业税收相关风险。企业税收相关风险主要包括税收负担风险、税收违法风险、声誉和政策损失风险。这些风险的发生不仅导致企业税收成本的增加，而且威胁到了企业的声誉及生存和发展。

（二）企业税务管理的原则

企业税务管理应遵循图 18-1 所示的原则。

原则一	合法性原则
	企业开展税务管理必须遵守国家的各项法律、法规及规章制度等。依法纳税是企业和公民的义务，也是税务管理必须坚持的首要原则

原则二	服从企业财务管理总体目标原则
	税务管理必须充分考虑现实的财务环境和企业的发展目标及发展战略，运用各种财务模型对各种纳税事项进行选择和组合，有效配置企业的资金和资源，获取税负与财务收益的最优化配置，最终实现企业价值最大化目标

图 18-1

原则三	成本效益原则

税务管理的根本目的是取得效益。因此，企业进行税务管理时要着眼于整体税负的减轻，针对各税种和企业的现实情况综合考虑，力争通过税务管理实现的收益增加超过税务管理的成本

原则四	事先筹划原则

企业应纳税额是由经营管理活动决定的，而不是由核算决定。纳税核算只是结果的反映。因此，企业进行税务管理时要对企业的经营、投资、理财活动进行事先筹划和安排，尽可能地减少应税行为的发生，降低企业的税收负担，从而实现税收筹划的目的

图 18-1　企业税务管理的原则

二、企业要交哪些税

一般公司都会涉及的税种有：增值税、城市维护建设税、教育费附加、地方教育费附加、印花税、个人所得税、企业所得税。

特殊行业需要缴纳的税种有：消费税、资源税、烟叶税。

更多税种：契税、耕地占用税、房产税、城镇土地使用税、土地增值税、车辆购置税、车船税、环境保护税等。

三、收集最新税务信息

税务信息收集主要是指企业外部的税务信息收集工作。通常情况下，财务经理可以通过以下途径收集最新税务信息，如图 18-2 所示。

途径一	通过税务机关获取免费的税务法规及税收政策信息
途径二	通过政府网站、政策公告等获取最新税收优惠政策信息
途径三	通过订购税务专业刊物或出版物获取税务处理方法、案例及其他动态信息
途径四	通过报刊获取各类综合信息和动态信息
途径五	通过与会计师事务所等税务、审计中介机构合作获取有关内部信息
途径六	通过专门的税务咨询网站获取所需的各类信息等

图 18-2　收集最新税务信息的途径

四、纳税申报与税款缴纳

（一）纳税申报时限

不同的税种，其申报期限各不相同。作为财务经理，其必须对本企业应交哪些税种及这些税种的纳税期限有充分的了解，以便在期限之内安排人员进行纳税申报并缴纳税款，以免带来涉税风险。

（二）纳税申报应提供的资料

纳税人办理纳税申报时，应当如实填写纳税申报表，并根据不同的情况相应报送以下有关证件、资料：

（1）财务会计报表及其说明材料；

（2）与纳税有关的合同、协议书及凭证；

（3）税控装置的电子报税资料；

（4）外出经营活动税收管理证明和异地完税凭证；

（5）境内或者境外公证机构出具的有关证明文件；

（6）纳税人、扣缴义务人的纳税申报，或者代扣代缴、代收代缴税额报告表，主要内容包括税种、税目，应纳税项目或者应代扣代缴、代收代缴税款项目，计税依据，扣除项目及标准，适用税率或者单位税额，应退税项目及税额、应减免税项目及税额，应纳税额或者应代扣代缴、代收代缴税额，税款所属期限、延期缴纳税款、欠税、滞纳金等；

（7）扣缴义务人办理代扣代缴、代收代缴税款报告时，应当如实填写代扣代缴、代收代缴税款报告表，并报送代扣代缴、代收代缴税款的合法凭证以及税务机关规定的其他有关证件、资料；

（8）税务机关规定应当报送的其他有关证件、资料。

（三）报税审核

财务经理可能并不需要亲自去报税，但在下属填写好相关的报税表单以后，一定要对表单进行严格审核。

1.纳税申报表的审核

（1）审核纳税申报表填写的内容是否完整，所附资料是否齐全。为了使税务机关全面了解纳税人的生产、经营情况，正确审核纳税人纳税申报的准确性，《中华人民共和国税收征收管理法》（简称《税收征收管理法》）第二十五条规定纳税人在报送纳税申报表、财务会计报表时，还应按照税务机关的要求报送其他纳税资料。

（2）审核纳税申报表的填写是否准确。一是核实表内有关项目填列的数字与会计账表的数字相符；二是核实表内数字计算的准确性，特别要注意项目之间的钩稽关系；三是审核纳税申报表与附表的相关项目的填列是否对应。

2. 完税凭证的审核

（1）填用票证是否符合规定，有无用专用缴款书、通用缴款书代替完税证自收现金税款。

（2）征收的税款是否符合税法规定，使用税率或单位税额是否正确，有无错征现象。

（3）计税是否正确，包括实缴税款、税款的加成、减征、滞纳金的计算是否正确。

（4）各项目的填写有无错填、漏填、省略、涂改、挖补等情况，印章是否齐全。

（5）其他应审核的事项。

（四）退税凭证的审核

退税凭证的审核除需要检查票证填写的完整、清晰、手续齐全与否等常规项目外，还需要重点审核以下几项。

（1）所退税款是否符合退税范围。退税直接冲减财政收入，根据财政部的规定，属于下列范围，可办理收入退库：由于工作疏忽，发生技术性差错需要办理退库的；改变企业隶属关系，办理财务结算需要退库的；企业超缴结算退库；弥补企业的计划亏损退库和政策性亏损的补贴退库；其他经财政部批准的退库项目等。

（2）预算科目、预算级次和计算是否正确。

（3）以现金退税的，应在退税凭证上加盖"退付现金"的明显戳记。

（五）安排人员缴纳税款

税款缴纳程序根据不同的情况略有区分，具体说明如表 18-1 所示。

表 18-1　税款缴纳程序

序号	类别	缴纳程序
1	完税申报税款缴纳	纳税人在每期申报纳税之前，要自行计算税款，并自行填开税收缴款书，到办税大厅银行窗口或纳税人开户银行缴纳税款（如用现金缴纳需到相应窗口办理）
2	缴纳欠税	纳税人须先到窗口打印税收缴款书，然后到纳税人开户银行或办税服务大厅银行窗口缴纳欠税（如用现金缴纳需到相应窗口办理）
3	预缴纳税款	先到窗口开具预缴税款通知书，并打印税收通用缴款书，然后自行到开户银行缴纳税款
4	缴纳滞纳金	先到窗口开具加收滞纳金通知书，并打印税收通用缴款书，然后自行到开户银行缴纳滞纳金（如用现金缴纳需到相应窗口办理）

续表

序号	类别	缴纳程序
5	缴纳罚款	持税务行政处罚决定书到窗口，开具税收通用缴款书，自行到开户银行缴纳罚款（如用现金缴纳需到相应窗口办理）
6	缴纳发票保证金和纳税保证金	持相关税务文书到相应窗口办理

五、税务检查

对于税务机关开展的税务检查，许多企业的财务经理有点担心、惊慌。其实，这只是税务机关开展的正常执法行动而已，企业只要依法纳税，不去触碰政策红线，而且平时做好应对检查的准备，就可以从容应对。

因为许多企业对税法了解不够全面，对自己拥有的权利知之甚少，所以就出现了如图 18-3 所示的两种情况。

一出事就找关系，托人情，宁愿请客送礼，也不舍得委托税务师合理处理税务争议的情况，耽误了合法维权的最佳时机

问题一

问题二

一遇到税收问题，不管税务机关执行税法是否正确，适用法律、法规是否得当，是否符合法定的程序，都一味言听计从，连基本的陈述、申辩权都自动放弃

图 18-3　不了解税法的常见问题

（一）全面了解税务稽查

财务经理对税务稽查要有比较全面的了解，以便寻找或者采取措施积极应对。

1. 税务稽查行为基于税务检查权而发生

税务检查的范围和内容，必须经税法特别的列举规定。税务人员实施税务稽查，其行为超过规定的权限范围，即属于违法的行政行为，不具有法律约束力，且不受法律保护，纳税人有权拒绝接受稽查。

2. 稽查程序环节

《税收征收管理法》规定了稽查程序的四个环节，即选案、查案、审理、实施。这四个环节必须分离，以确保执法的公平、公正。

这里重点介绍稽查实施，因为稽查实施是认定违法事实的关键环节。在实施税务稽查之前,税务机关会提前发出"税务检查通知书"(见表 18-2),并附"税务文书送达回证"（见表 18-3 ）给被查纳税人。

表 18-2　税务检查通知书

税务局（稽查局）
税务检查通知书

税检通二〔　　　〕号

_____：

根据《中华人民共和国税收征收管理法》第五十七条的规定，现派_____等
____人，前往你处对_____进行调查取证，请予支持，
并依法如实提供有关资料及证明材料。

税务机关（章）

_____年____月___日

告知：税务机关派出的人员进行税务调查时，应当出示税务检查证和税务检查通知书，并有责任为被检查人保守秘密；未出示税务检查证和税务检查通知书的，被检查人有权拒绝检查。

表 18-3　税务文书送达回证

受送达人	
送达地点	
送达文书名称、编号	
受送达人签名或盖章	
收件日期	___年___月___日___时___分
代收人记明代收理由并签名或盖章	
受送达人拒收理由和日期	
见证人签名或盖章	
送达人签名或盖章	

填写说明：

1.适用范围

送达税务机关程序审核减免税及不征契税政策界定的文书时使用，包括以下文书：

（1）契税核定通知书；

（2）契税减免税申报受理通知书；

（3）契税减免税申报补正资料告知书；

（4）不征契税政策界定受理通知书；

（5）不征契税政策界定补充资料通知书。

2.填写要求

（1）"受送达人"栏，受送达人为单位的，填写单位名称；受送达人为个人的，填写个人姓名。

（2）"送达地点"栏，填写交接税务文书的具体地点，应具体到门牌号、房间号。

（3）"送达文书名称、编号"栏，填写所送达给纳税人的文书名称的全称及该文书的字号。

（4）"收件日期"栏，应具体到时、分，不能为空项。

（5）"代收人记明代收理由并签名或盖章"栏，受送达人本人不在时，由其同住具有行为能力的家属在此栏签名，并注明与受送达人的关系。由受送达人的代理人签收，也使用此栏。

（6）"受送达人拒收理由和日期"栏，受送达人或其他法定签收人拒绝签收时，由送达人在此栏写明。

（7）"见证人签名或盖章"栏，出现拒绝签收情况时，由被邀请到场的有关人员在此栏签名或盖章。

（8）"送达人签名或盖章"栏，由送达人签名或盖章。

3. 本回证为 A4 竖式，一式一份，装入契税档案。

企业要充分利用纳税检查之前的这一段时间，从年初开始对企业上一年度的纳税情况进行一次较为全面的自查。

（1）如果发现问题，一定要及时纠正，以免不必要的税务处罚和税务负担。

（2）在接受检查过程中，要重视会计凭证、会计账簿、会计报表、申报纳税资料的整理、装订、标识、保管等基础工作，因为这是税务检查人员的主要检查内容。

（3）如果属于群众举报或税务机关有根据认为纳税人有税务违法行为，或者预先通知有碍检查的，税务机关可在书面通知的同时实施检查。

> **特别提示**
>
> 　　出现这种情况，企业在积极配合税务机关做好纳税检查的同时，要正确运用法律赋予纳税人的权利来维护自己的正当权益。

（二）明白被查纳税人权利

纳税人有法律规定接受税务检查的义务，同时对违法的税务稽查也有拒绝的权利——拒绝检查权。税务稽查中纳税人享有的权限如图 18-4 所示。

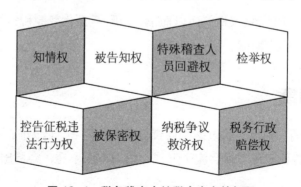

图 18-4　税务稽查中纳税人享有的权限

纳税人只有全面了解税务稽查，明确自己的法定权利与义务，做到心中有数，才能避免不必要的税务处罚和税务负担，减少不必要的税务上的麻烦，最大限度地降低税务成本和风险。

（三）利用税收救济法律制度维护自身权益

税收救济法律制度可划分为行政救济和司法救济两部分，由税务行政复议制度、税务行政诉讼制度和税务国家赔偿制度三方面组成。

相比而言，税务行政复议制度不需要纳税人承担任何费用，而且程序简便快捷，受案范围较广，补救措施更加宽泛，极大方便了纳税人的复议申请。这里重点介绍税务行政复议制度在纳税人权利保护方面的作用。

《税收征收管理法》第八条、第八十八条规定：纳税人、扣缴义务人对税务机关所作出的决定，依法享有申请行政复议、提起行政诉讼、请求国家赔偿等权利；第十一条规定：税务机关负责征收、管理、稽查、行政复议的人员的职责应当明确，并相互分离、相互制约。

行政复议是纳税人保护自身权益的重要手段。税务行政复议制度在保护纳税人权利方面的作用主要表现为以下四个。

（1）它是一种内部约束机制，是征税主体为防止和纠正自己的违法或不当的行政行为而设计的制度。它既不是纯粹的行政行为，也不是纯粹的司法行为，而是一种行政司法行为，即准司法行为。它融司法程序和行政程序于一体，排除了行政程序的专断和司法程序的烦琐性。

（2）它是专门为保障纳税人权益所设计的制度，在发起程序上简便快捷，只要纳税人主观上认为其合法权益受到侵害即可提出复议申请。

（3）受案范围广泛，兼具合法性、合理性审查。复议机关既可以审查违法的税收行政行为，也可以审查不当的税收行政行为；既可以审查具体的税收行政行为，也可以附带审查抽象行政行为。

（4）补救措施更宽泛，复议机关可以撤销、变更，甚至代替原税务机关作出新的决定；复议申请更为方便，更少顾虑。

六、纳税自查

企业对自己的情况熟悉，通过纳税自查容易发现问题，收效较快，可以增强纳税的自觉性。但是，自查稍有疏忽就会流于形式，查得不深不透，容易出现走过场的现象。

（一）纳税自查的形式

1. 日常纳税自查

纳税人在纳税自查时，应自查税务登记，发票领购、使用、保存情况，纳税申报、税款缴纳等情况,财务会计资料及其他有关涉税情况。可自行依照税法的规定进行自查,也可委托注册税务师代为检查。对于涉税疑难问题,应及时向税务机关咨询。

纳税自查要查深查透,以免税务机关稽查后,被追究行政和经济责任,甚至被移送司法机关追究刑事责任。

此外,还要自查作为纳税人的合法权益是否得到了充分保障,是否多缴纳、提前缴纳了税款等。这有利于改善经营管理,加强经济核算,依法纳税。

2. 专项稽查前纳税自查

税务机关根据特定的目的和要求,往往需要对某些特定的纳税人或者对纳税人的某些方面或某个方面进行专项稽查,纳税人可根据国家发布的税收专项检查工作方案规定的稽查重点和稽查方向进行自查。

3. 汇算清缴中纳税自查

将企业所得税收入总额与流转税申报收入总额进行对比,自查项目如纳税调整项目的涉税处理、新报表主附表钩稽关系等。

(二)纳税自查的内容

一般企业在纳税自查时,需要重点检查以下几个项目:

(1)自查涉税处理是否恰当,以免带来税收利益损失;

(2)自查是否存在纳税管理漏洞、隐患、薄弱环节、不足之处;

(3)账簿、凭证(发票)管理方面的纳税风险自查自纠;

(4)税款缴纳、纳税申报、汇算清缴等方面的风险自查自纠;

(5)合同签订中的纳税风险自查自纠;

(6)合同、协议等涉税条款的风险自查;

(7)纳税筹划方面的风险;

(8)实施纳税筹划过程中企业应注意的相关事项。

七、税收筹划

税收筹划又称节税,是指纳税人在既定的税法和法治框架内,从多种纳税方案中进行科学、合理的事前选择和规划,使企业本身税负减轻的一种财务管理活动。税收筹划不同于逃税和避税,逃税要受到法律的制裁,避税要受到反避税的制约,而税收筹划则不然,它是在符合国家立法意图的情况下进行的一种合法的经济理财行为。

税收筹划与逃税虽然都是纳税人减轻税收负担的行为,但国家对它们持不同的态度,这是因为它们之间存在明显的区别,如表 18-4 所示。

表 18-4　税收筹划与逃税的区别

涉及的方面	税收筹划	逃税
经济方面	税收筹划是有意减轻或解除税收负担，只是采取正当的手段，对经济活动的方式进行组织安排	逃税是在纳税人的实际纳税义务已发生并且确定的情况下，采取不正当或不合法的手段逃避其纳税义务，结果是减少其应纳税款，是对其应有税收负担的逃避
法律方面	税收筹划是在遵守税法、拥护税法的前提下，进行税负减轻和少纳税的活动，是遵守税法的	逃税在形式上表明纳税人有意识地采取谎报和隐匿有关纳税情况和事实等非法手段，以达到少缴或不缴税款的目的，其行为具有欺诈性质
手段方面	税收筹划是使应税事实变为非应税事实或者变为纳税义务较轻的应税事实，从而达到减少纳税额的目的	逃税以对应税事实隐瞒或者作虚假陈述，经税务机关通知申报而拒不申报或进行虚假的纳税申报的手段，来实现不履行已发生的纳税义务

八、防范税务风险

（一）税务风险现状与成因分析

税务风险现状与成因分析，具体说明如图 18-5 所示。

对税收法规不熟悉，以会计思维处理涉税问题，尤其是没有掌握限制性规定。没有处理好会计制度与税法之间的差异。常见的因不知税法而形成的风险误区有：利息、价外费用、视同销售、不注意扣除方面的那些规范性和限制性的规定

有的税务风险则是企业有意为之，如虚开增值税发票，不列、少列收入（收入不入账或挂往来账），虚列、多列支出（扣除不真实、虚列成本费用）等

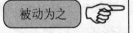当企业的业务流程完成后，财务部发现流程本身造成风险，或者有多缴税问题后，只能通过在账上造假来掩盖前面发生的业务过程，编制出另外一种业务过程来达到少缴税或者规避风险的目的

迷信与税务机关的特殊关系，不重视涉税账务处理，随意为之。一些企业传统地认为只要把税官搞定，就可以随意纳税，殊不知这种做法会产生严重的后果

图 18-5　税务风险现状与成因分析

（二）税务风险评估方法

财务经理可以运用数据信息对比分析的方法，对企业履行纳税义务的真实性、准确性、合法性进行综合分析，然后作出定性判断；也可以运用指标（比较）分析法，根据企业财务报表所载数据的内在关联性，通过趋势性、相关性和结构性的对比分析，设计出能对涉税异常情况进行判断的纳税评估指标和参数值，根据指标测算结果分析判断涉税性质的方法。

纳税评估的指标主要包括综合指标、分税种指标、行业指标三种。

其中，综合指标为收入类评估分析指标、成本类评估分析指标、费用类评估分析指标、资产类评估分析指标。

（三）税务风险识别和诊断程序

1. 收入类项目税务风险识别和诊断程序

（1）编制收入分析表，应能列示：产品或服务类型；区域或部门；境内或境外；自销、代销或受托加工。

（2）将收入分析表与总账和明细账及有关的申报表核对。

（3）对合同订单及生产经营情况进行系统分析，初步审阅收入分析表分类的准确性和完整性，并初步评价增值税、消费税、营业税等税目适用的准确性。

（4）采用分析复核方法，分析业务收入的变动趋势。

（5）将收入账与银行存款、应收账款进行总额调节核对，以确认收入的总体合理性。

（6）确认业务收入会计处理的准确性。

抽样审阅销售业务，进行从原始凭证到记账凭证、销售、应收账款、现金、银行存款、应收票据、存货等明细账的全过程的审阅，核实其记录、过账、加总是否正确。

①购销双方以货易货，相互不开票。

②有无将主营收入转入"其他往来"账户长期挂账。

③有无将销售边角废料的收入直接冲减"原材料"账户。

④运费收入有无直接冲减"管理费用"账户。

⑤有无企业专项工程、福利使用本企业产品，直接冲减"产成品"账户。

⑥有无收取现金不入账的（对外零售材料产品，残次品边角料、废料等）。

⑦有无将内部销售（出售给职工）的产品直接冲减"制造费用"账户。

（7）审阅收入的确认时间是否正确。

（8）确认收入计价的合理性。审阅是否存在价格明显偏低而无正当理由者；审阅价格浮动（促销）政策是否合理。

（9）确认销售退回、折扣与折让处理的正确性。

（10）截止性测试。

相关链接

截止性测试

第一，审阅决算日前后若干日的出库单（或销售发票），观察截至决算日销售收入记录有无跨年度的现象。

第二，审阅决算日后所有在决算日前销售的退回记录，审阅决算日后的销售是否列作决算日前的销售（违反合同提前发货）。

第三，结合对决算日应收账款的函证，查看有无未经认可的巨额销售。

第四，审阅结账日后的收入记录，与销售发票、运输凭证相核对，查明有无已计收入而物品尚未发出或物品已经发出而本年未计收入的情况。

第五，调整重大跨年度销售项目及其金额。

2. 成本类项目税务风险识别和诊断程序

（1）评价内部控制制度是否有效且一贯遵守。

（2）审阅产品销售成本计算方法是否符合税法规定，并前后期一致。

（3）编制销售成本与销售收入对比分析表，并与有关明细账进行核对。

（4）分析各月销售成本与销售收入比例及趋势是否合理，如有不正常的波动，则应追踪查明原因，作出正确处理。

（5）从产品销售成本与生产成本、产成品的钩稽关系验算销售成本的总体准确性。钩稽关系公式如下：

$$产品销售成本 = 生产成本 + 在产品年初余额 - 在产品年末余额 +$$
$$产成品年初余额 - 产成品年末余额$$

（6）审阅销售成本明细账，复核计入销售成本的产品品种、规格、数量与销售收入的口径是否一致，是否符合配比原则。

（7）选取年末前两个月销售成本事项进行截止性测试，审阅是否存在人为操纵期间成本的情况。

（8）审阅"销货成本"账户中重大调整事项（如销售退回、委托代销商品）是否适当。

（9）结合存货、收入项目的审阅，确认销货退回是否相应冲减了销售成本。

（10）审阅在享受税收优惠政策时，是否将销售成本转入已进入纳税期关联企业的销售成本。

3. 税前扣除类项目诊断程序

税前扣除类项目诊断程序的具体内容如表 18-5 所示。

表 18-5 税前扣除类项目诊断程序

检查项目	具体内容
税前列支的合法性、真实性	（1）检查所附的原始凭据是否真实、合法，有无使用白条入账，有无假发票或取得供货单位与发票上印章不符的发票 （2）有无将未真实发生费用、与经营无关费用在税前列支，有无总机构发生贷款利息在分支机构列支、其他关联企业的费用在本企业费用中列支
税前列支是否超标	（1）检查工资总额的准确性 （2）检查福利费、工会经费、广告/业务宣传费、招待费列支是否超出规定标准 （3）有无故意混淆会计科目挤占列支的情况，如将应在工资、福利费及工会经费中列支的费用记入其他费用科目；将应在业务招待费中列支的餐费、礼品等招待性费用记入"生产/劳务成本"及其他成本费用科目
资产折旧摊销	（1）应作为固定资产管理的设备是否一次性进入成本费用，固定资产的折旧方法、折旧年限、残值率的适用是否得当 （2）自创或购买的商誉、商标等无形资产是否按规定的期限摊销 （3）固定资产的改建或大修理支出是否按规定计入资产原值或进行摊销处理
违规支出	（1）资本性支出 （2）无形资产受让、开发支出 （3）违法经营的罚款和被没收财物的损失，各种税收滞纳金、罚金和罚款 （4）自然灾害或者意外事故损失有赔偿的部分 （5）不符合规定的捐赠及各种赞助支出 （6）为无经营需要而提供的担保支出 （7）未经税务审批的资产损失支出 （8）与取得收入无关的其他各项支出 （9）超出规定的利息支出 （10）老板、股东的个人消费性支出

（四）税务风险控制与管理主要内容

税务风险控制与管理主要内容如图 18-6 所示。

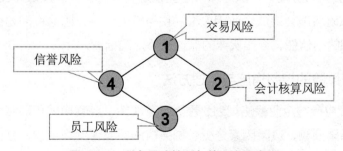

图 18-6 税务风险控制与管理主要内容

1. 交易风险

交易风险是指企业各种交易行为和交易模式因本身特点可能影响纳税准确性，进而导致未来可能接受税务处罚，主要包括以下三个：

（1）重要交易的过程没有企业税务部门的参与，并缺乏适当的程序去评估和监控交易过程中的纳税影响；

（2）企业在对外并购的过程中，由于未对被并购对象的纳税情况进行充分调查，等并购完成后才发现被并购企业存在以前年度大额偷税问题，因而不得不额外承担被并购企业的补税和罚款；

（3）企业在采购原材料的过程中，未能对供货方的纳税人资格有效管控，导致后来从供货方无法取得发票或取得虚开增值税发票，因而不得不额外承担不能抵扣的进项税额和增加的原材料成本。

2. 会计核算风险

会计核算风险是指企业因未能准确核算应纳税款而导致未来税务处罚的不确定因素，主要表现在以下两个方面：

（1）未能准确处理会计核算规定和税收法规之间的差异；

（2）会计核算系统提供了不真实的数据和信息。

3. 员工风险

员工风险是指企业因人为原因而导致未来利益损失的不确定因素。例如，税务岗位员工的频繁变动，员工的丰富工作经验未能被书面留存，企业缺乏定期的员工技能培训制度，企业缺乏有效的员工奖惩机制。员工风险应该是所有纳税风险的根本风险，它是最难控制和管理的。

发生员工风险可能造成影响，如员工缺乏责任心，企业未按规定进行涉税处理或及时申报纳税。经验丰富的税务人员离职，继任者需要从头开始纳税工作。

4. 信誉风险

信誉风险对企业的影响可能是深远的、无法计量的。信誉风险是指企业外界因企业税务违规行为而对其信誉的怀疑，并导致未来利益损失的不确定因素。例如，企业的知名度较高，管理层习惯打税务"擦边球"；企业缺乏与税务机关以及媒体良好的公共关系。

发生信誉风险可能会造成企业因欠税被税务机关公告，因偷税问题被媒体曝光，从而引发政府部门的不信任、合作伙伴的撤退、公众的指责。

（五）税务风险的控制措施与管理方法

（1）财务部应参与企业战略规划、重大经营决策、经营模式和经营协议的研究与制定，通过纳税结果预测、风险因素分析、税务执法环境评价等步骤，分析经营活动及其业务流程中可能出现的税务风险，调整和完善经营行为及流程，制定相应的风险规避与管理措施，并跟踪和监控相关活动全部过程。

（2）财务部应协同相关职能部门，管理日常经营活动中的税务风险，主要包括以下四项内容：

①参与制定或审核企业日常经营业务中涉税事项的处理方法和规范；

②制定各项涉税会计事务的处理流程，明确各自的职责和权限，保证对税务事项的会计处理符合相关税收法规；

③制定和完善纳税申报表编制、复核、审批以及税款缴纳的程序，明确相关职责和权限，保证纳税申报和税款缴纳符合税法规定；

④按照税法规定，真实、完整、准确地准备和保存有关涉税业务资料，并按相关规定进行报备。

（3）定期进行税务风险的评估和诊断。

（4）与税务机关及其他相关单位保持有效的沟通，及时收集和反馈相关信息；同时，建立和完善税法的收集与更新系统，及时汇编企业适用的税法并定期更新。

（5）定期对涉税环节的经营人员和涉税会计人员进行培训，不断提高其业务素质和税务风险意识。

九、避免纳税失误

有的企业可能会出现"缴了不该缴的税"的情况导致纳税失误，从而给企业造成经济损失。因此，财务经理必须尽量避免纳税失误情况的出现，如果出现了，则要及时采取积极措施予以解决。

（一）纳税失误的成因

纳税失误的成因主要有两个方面，具体说明如图18-7所示。

（1）纳税失误的根本原因是财务部未能及时掌握和应用税收法规政策
（2）税收法规是国家制定的，指导税收分配活动和处理各种税收分配关系的基本方针和基本准则
（3）我国的税收法规体系庞大、复杂，法规文件数量多，法规政策调整变化较快，同一项经济行为对应有若干条税收规定。因此，企业可能很难全面、及时地了解和掌握这些税收法规
（4）对一些优惠政策或激励性的税收法规未能及时掌握和应用，放弃了国家给予纳税人的一些特定的税收实惠
（5）对限制性的税收规定没有及时了解和把握，缴了一些冤枉税

图 18-7

（1）决策与高管层（老板）缺乏税收意识，在制定经营策略时，忽视了税收的调节作用
（2）企业财务人员没有完全掌握税务会计业务
（3）中介机构对于税法的掌握应用能力和职业责任心的匮乏
（4）税务机关的错误执法。由于历史原因，税务机关的权利与纳税人的权利之间处于失衡状态，纳税人承担了很多额外税负

图 18-7　纳税失误的成因

（二）避免纳税失误的措施

避免纳税失误可从以下六个方面着手，如图 18-8 所示。

措施一　加强对税法遵从失误的控制

税法遵从失误是指企业的经营行为未能有效适用税收政策而导致未来利益损失的不确定因素。例如：
（1）企业未能及时更新最新可适用税收政策系统
（2）企业未能对自身内部发生的新变化作出适用税收政策判断
（3）企业缺乏外部机构对企业各项经营行为适用相关税收政策的指导性和重新检讨制度
（4）税收法规政策的分析与应用能力的贫乏

措施二　提高纳税方案规划与设计能力

逐步提高纳税方案规划与设计能力，在经营目标、经营模式与行为、纳税负担三者之间找到一种最佳的联系方式

措施三　提高纳税会计业务能力

纳税会计业务能力的快速提高，其前提条件是相关人员的培训与激励制度的合理确立和良性运行

措施四　与税务机关建立良好的工作关系

企业一定要与税务机关建立良好的工作关系，这样才能在第一时间获取税收相关的最新政策

措施五　引进专业的外部顾问机构

如果企业财务部对税务不是很精通，可以引进专业税务顾问机构，从而避免纳税失误的情况出现

措施六 ▶ **面对税务机关错误执法，要敢于说"不"**

为了平衡纳税人的弱势地位，保障纳税人的合法权益不受税务机关滥用职权的侵害，国家通过相应的法律与政策为纳税人提供了基本的权利

图 18-8 避免纳税失误的措施

学习笔记

通过学习本部分内容，想必您已经有了不少学习心得，请仔细填写下来，以便继续巩固学习。如果您在学习中遇到了一些难点，也请如实写下来，方便今后重复学习，彻底解决这些难点。

我的学习心得：

1. _____

_____

2. _____

_____

3. _____

_____

我的学习难点：

1. _____

_____

2. _____

_____

3. _____

_____

第四部分

法律事务

阅读索引：

➪ 劳资纠纷

➪ 合同管理

➪ 风险管理

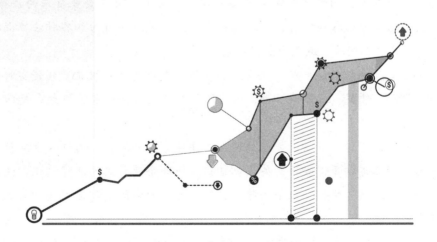

小 B 垂头丧气地来找老 A。

老 A：小 B 怎么啦，这么没精神？

小 B：老 A 啊，我遇到麻烦事了，这一个月被折磨得心里好烦，事情还没解决。

老 A：啥事啊？

小 B：我们公司的一个产品侵犯了 ×× 公司的知识产权，一直没有协调好，闹到法庭上了。

老 A：这的确是个问题，你们得请律师来应对处理。除此之外，你们对企业法律事务应该有规划。

小 B：规划？

老 A：公司在经营过程中，会涉及很多法律法规。如果公司没有良好的法律事务制度作为保障，公司面临的法律风险就会比较多。随着我国市场经济的不断发展和法律的日益完善，企业与法律的关系也将日益密切。大量的事实表明，企业的法律事务工作做得越好，企业经营、管理人员和职工的法律意识越高，企业越有可能正常、健康地发展，越可以防止许多法律纠纷和避免经济损失。相反，企业越无视法律事务工作，企业经营、管理人员的法律意识越低下，企业的法律纠纷越多、经济损失越大，甚至企业还会陷入一些不法之徒所设下的法律陷阱。

小 B：唉！还真没想到这么多，也从来没有考虑过企业法律事务的重要性，请您给我讲讲企业法律事务工作有哪些功能。

老 A：企业法律事务工作的功能主要有三项：

第一，预防功能。通过为企业领导进行重大决策提供法律意见，就企业经营、管理活动中有关法律问题提供法律意见，参与、协助企业领导和员工的有关工作，起草、审查企业的经济合同和有关法律事务文书，解答企业员工的法律咨询等，使企业依法进行各项经营、管理活动，防止出现违法行为和各种法律漏洞，预防企业发生法律纠纷，避免企业经济损失。

第二，挽救功能。在企业发生法律纠纷或企业合法权益受到侵害时，进行协商、调解、仲裁、诉讼等活动，依法维护企业的合法权益，避免或挽回企业的经济损失。

第三，宣传教育功能。在处理企业法律事务的同时，通过与企业员工的广泛接触和解答咨询等，宣传有关法律常识，提高企业员工的法律意识，使企业员工能够自觉地遵守法律、维护法律，并结合自己的实际工作运用法律武器维护企业的合法权益。

小 B：嗯。企业要知法守法，防止发生法律冲突，依法维护企业的合法权益。

企业法律事务工作主要以预防为主，以防止发生法律纠纷为目标，其次才是依法解决、处理已发生的法律纠纷。

老 A：你理解得完全正确。

小 B：但我还是不知道该怎么去做，请多指教。

老 A：我一时半会儿也说不透，你还是多看看我给你的一些文件吧。

小 B：好的，谢谢。

小 B 紧锁的眉头舒展开来，他心怀感恩地与老 A 道别。

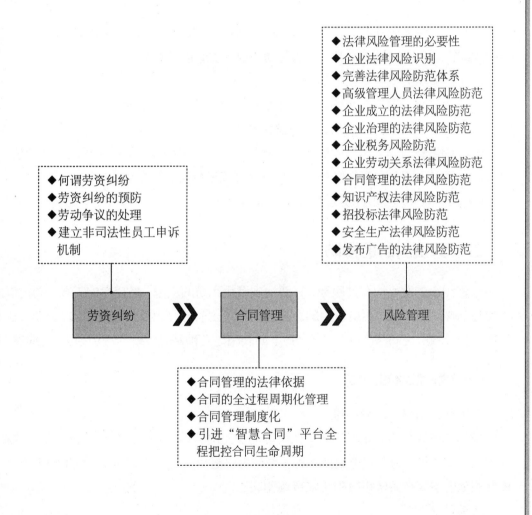

◆法律风险管理的必要性
◆企业法律风险识别
◆完善法律风险防范体系
◆高级管理人员法律风险防范
◆企业成立的法律风险防范
◆企业治理的法律风险防范
◆企业税务风险防范
◆企业劳动关系法律风险防范
◆合同管理的法律风险防范
◆知识产权法律风险防范
◆招投标法律风险防范
◆安全生产法律风险防范
◆发布广告的法律风险防范

◆何谓劳资纠纷
◆劳资纠纷的预防
◆劳动争议的处理
◆建立非司法性员工申诉机制

劳资纠纷 ≫ 合同管理 ≫ 风险管理

◆合同管理的法律依据
◆合同的全过程周期化管理
◆合同管理制度化
◆引进"智慧合同"平台全程把控合同生命周期

备注：老 A——专业人士，小 B——新手小白；通过老 A 和小 B 的对话，引入本部分公司法律事务应知应会的一些知识。

第十九章　劳资纠纷

一、何谓劳资纠纷

劳资纠纷也称劳动争议，是指劳动关系的当事人之间因执行劳动法律、法规和履行劳动合同而发生的纠纷，即劳动者与所在单位之间因劳动关系中的权利义务而发生的纠纷。

根据《中华人民共和国劳动争议调解仲裁法》（简称《劳动争议调解仲裁法》）第二条的规定，用人单位与劳动者之间的劳动争议主要有以下几类：

（1）因确认劳动关系发生的争议；

（2）因订立、履行、变更、解除和终止劳动合同发生的争议；

（3）因除名、辞退和辞职、离职发生的争议；

（4）因工作时间、休息休假、社会保险、福利、培训以及劳动保护发生的争议；

（5）因劳动报酬、工伤医疗费、经济补偿或者赔偿金等发生的争议；

（6）法律、法规规定的其他劳动争议。

二、劳资纠纷的预防

任何纠纷的发生均有其原因，只要找到发生纠纷的原因，然后对症下药、制定措施，相信是能够防范和减少纠纷发生的。企业经常遇到的劳资纠纷主要有解雇、开除、辞工、加班、工伤待遇、患病医疗等几个方面。下面介绍这几种常见纠纷的产生原因及预防细节。

（一）解雇纠纷的预防

1. 为什么会产生解雇纠纷

解雇即解除雇用，是指用人单位解除与员工的劳动关系，不再雇用该员工。这在企业用工中是一种十分常见的企业行为，也是企业更换员工、寻找最合适员工的手段之一，由此引起的争议在劳资纠纷中比较普遍和突出。

2. 劳动法对解雇（辞退）不当有何规定

按照劳动法及相关规定，企业无理由解雇员工的，应当支付相当于其本人平均工资的经济补偿金，以其在企业工作年限而定，每满一年补一个月。如果企业解雇员工没有充足的理由，势必要支付这一笔费用。

3. 企业怎样预防解雇（辞退）纠纷

企业要预防解雇（辞退）纠纷，应当做好以下工作，具体说明如图 19-1 所示。

工作一	签订劳动合同时约定员工的工作岗位及职责
工作二	在劳动合同中约定解雇条款，即约定企业在哪种情况下可以解除劳动合同而不承担支付经济补偿金的义务
工作三	在管理上严格执行各种管理制度，对每位员工都应建立档案并跟踪管理。凡是员工违反劳动纪律和规章制度或者工作不认真负责、完不成工作任务的，均应记录在案
工作四	当员工存在劳动合同约定的解雇事项时再解雇，如果属于大规模的裁员，可另当别论
工作五	企业在解雇员工时按照规定应当提前一个月通知其本人

图 19-1　预防解雇（辞退）纠纷的措施

（二）开除争议的预防

1. 什么情况下可以开除员工

开除是指企业按照《中华人民共和国劳动法》（简称《劳动法》）第二十五条的规定解除劳动合同的行为。按照该条法律的规定，劳动者有下列情形之一的，用人单位可以解除劳动合同：

（1）在试用期间被证明不符合录用条件的；

（2）严重违反劳动纪律或者用人单位规章制度的；

（3）严重失职，营私舞弊，对用人单位利益造成重大损害的；

（4）被依法追究刑事责任的。

2. 哪些开除容易引发争议

通常容易引发争议的开除有两种：其一，严重违反劳动纪律或者规章制度的；其二，严重失职、营私舞弊造成重大损害的。其原因是企业不按规定开除员工或者开除员工时没有掌握足够的证据材料。

3. 劳动法对开除不当有什么规定

根据劳动法的相关规定，企业开除员工不当的，或者聘回员工，或者支付其补偿金，支付标准为每满一年补一个月的员工本人平均工资。

4. 企业如何防范开除争议

针对这种情况，企业应当从以下五个方面来应对，具体说明如图 19-2 所示。

要点一	企业制定的劳动纪律和规章制度应具体明确，同时要交给劳动管理部门备案确认。只有劳动管理部门备案确认的劳动纪律和规章制度，才能作为企业开除违纪员工时的执行依据
要点二	凡是员工违反劳动纪律和规章制度的行为均应有相关记录、证人、证明材料，如能取得员工本人对违纪行为事实确认的书面材料则最好
要点三	员工严重失职、营私舞弊造成重大损害的，要收集相关证据，计算损失数额，并确认损失为该员工的失职或者营私舞弊行为造成的
要点四	决定开除员工时，开除决定书或者公告必须明确列举出员工所犯的错误
要点五	如果员工所犯错误不严重或者虽严重但缺乏足够的证据证明时，企业可先对该员工作出降职、降级、降薪处理

图19-2　防范开除争议的要点

（三）辞工和自动离职争议的预防

1. 辞工和自动离职争议的主要表现

辞工和自动离职都属于员工单方面解除劳动合同，按照规定企业不用承担相关经济补偿等方面的责任。但是，企业在员工辞工或者自动离职时如果没有处理好相关手续方面的问题，则很可能会陷入被动。这主要表现在以下三个方面：

（1）员工辞工时，企业没有让员工填写辞工申请书（辞工单），或者将辞工单交给其本人拿去办理离职手续而没有追回；

（2）辞工时没有将其工资结清；

（3）自动离职的员工自行离开企业尚不到企业制度规定的自动离职处理天数，企业就将其作自动离职处理。

2. 怎样预防辞工和自动离职争议

企业预防辞工和自动离职争议的措施有三种，具体说明如图19-3所示。

措施一	员工辞工申请书（辞工单）及企业的批示一式二份，企业和员工各保留一份
措施二	在员工辞工离职时，支付其应得的工资报酬
措施三	员工旷工或者不请假外出必须达到企业规章制度规定的天数，才能对其作自动离职处理

图19-3　预防辞工和自动离职争议的措施

（四）加班争议的预防

1. 产生加班争议的原因

《劳动法》第四十一条规定："用人单位由于生产经营需要，经与工会和劳动者协商后可以延长工作时间，一般每日不得超过一小时；因特殊原因需要延长工作时间的，在保障劳动者身体健康的条件下延长工作时间每日不得超过三小时，但是每月不得超过三十六小时。"然而在实际执行过程中，不少企业都超出上述规定的加班时间。究其原因有以下两点：

（1）企业由于自身生产经营的需要而安排员工加班；

（2）员工为了多拿工资而主动要求加班。

由此而引发的纠纷也越来越多。有员工因加班时间过长而向劳动部门投诉的，有企业因没有按规定支付加班费而遭到投诉的，企业因此十分被动。

2. 企业如何防范加班争议

（1）要了解加班工资的计算方法

《劳动法》第四十四条规定，有下列情形之一的，用人单位应当按照下列标准支付高于劳动者正常工作时间工资的工资报酬：

①安排劳动者延长工作时间的，支付不低于工资的 150% 的工资报酬；

②休息日安排劳动者工作又不能安排补休的，支付不低于工资的 200% 的工资报酬；

③法定休假日安排劳动者工作的，支付不低于工资的 300% 的工资报酬。

因此，企业在制定员工工资时，基本月薪（包括津贴在内）不要定得过高，特别是非生产岗位的员工（如文员等），其他需给付部分可列在不计入工资总额的困难补助等项目中，这样就不会导致加班工资过高的问题。

（2）合理安排加班时间

如果不是特别需要，尽量不要安排加班，即使安排也不要超过法律规定的时间；如确有超过的，最好让加班的员工填写加班申请书，这样就可以减少员工在这方面的投诉。

（3）利用劳动合同合理确定工资结构

劳动合同中都有工资这一项，企业和员工选择哪种工资方式与加班费的管理有一定关系。通常，非生产线的员工适合采用包干式工资加奖金的方式，在劳动合同中约定包干式工资数额，不管是否加班都不增减，奖金的多少则视其工作情况每月确定支付数额，这样就不会存在加班费的纠纷了。对于生产线上的员工，则可采用计件工资的方式，在计算成本利润的基础上合理确定计件工资额。计件工资一般不受工作时间的限制，也免除了加班费计算的麻烦。

（五）患病医疗纠纷的预防

从理论上来讲，预防这类纠纷是比较困难的。但是，只要企业做好了以下工作，纠纷必然会大大减少，具体说明如图 19-4 所示。

 严把新进员工的健康关。所有新招收的员工均应到企业指定的医院进行检查，只有符合企业要求的健康标准的人员才予以录用。最好不要录用不符合健康标准的人员，即使确需录用的，也要等其健康达标后

 注意企业的环境卫生，特别是员工食堂的食品卫生，尽量减少员工在企业内患病的机会

 为全体员工购买住院医疗保险，万一员工有急病、重病住院治疗时即可减轻企业的负担

图 19-4　患病医疗纠纷的预防措施

（六）工伤待遇争议的预防

工伤待遇是指员工因工受伤或者死亡时所享受的医疗、伤残补偿、工伤辞退补偿等方面的待遇。

1.工伤待遇争议纠纷产生的原因

（1）规定的倾斜。

员工只要在工作中受伤就属于工伤，不论其是否有过错，除非企业能证明该员工系自伤自残。在实践中，员工在工作中受伤的原因不外乎机器设备陈旧、存在安全隐患或者设施不符合安全标准，再就是员工本身在操作过程中违反操作程序或疏忽大意乃至故意为之。

（2）工伤辞退费规定的倾斜。

有些地方性法规对工伤辞退费的规定向员工倾斜。如《××省社会工伤保险条例》规定，员工因工受伤后只要鉴定有伤残等级的，除得到一笔不少的一次性伤残补偿金之外，不论是企业解雇、开除，还是员工自己辞工、自动离职，企业都要支付从几千元到十几万元不等的高额工伤辞退费。企业不愿主动支付这笔费用，由此引发争议。

（3）高额赔偿金影响受伤员工的心态。

某些地方的工伤赔偿金比较高，直接影响了员工的心态。可能会有个别员工不爱惜自己的身体，放任工伤事故的发生甚至是故意受伤，以期得到高额赔偿。员工一旦受伤，通常是在医疗终结和伤残等级鉴定结果出来、一次性伤残补偿金拿到手后即提出辞工，索要工伤辞退费；即使是暂时留下来的也不安心工作，最终辞工或者故意制造事端迫使企业将其辞退。

工伤多、工伤待遇纠纷多，对于企业不仅仅是金钱支付的问题，更严重影响到企业的正常生产经营和内部管理秩序。

2.预防工伤法律风险的措施

要减少这类纠纷的发生，企业应当做好以下工作。

（1）进一步强化、规范劳动管理，包括加大对员工的劳动技术和纪律教育、加强各生产经营环节的劳动安全监督、改善员工的劳动条件和生产环境。

（2）注重员工的健康卫生检查，包括招聘环节的适当体检和在职期间的定期体检。对于招聘环节体检中发现患有不适合相应工作岗位的疾病的人员，不予聘用；对于合同期内发现可能影响劳动安全的患病员工，及时予以调整工作岗位或送医治疗。

（3）及时参加工伤社会保险，辅之以适当的商业性雇主责任险，以分散工伤法律风险。

（4）加强劳动工伤事故管理环节的法律工作。对于已经发生的工伤事故，严格依照法律程序处理。对于工伤员工及家属提出的合理合法的要求，应由社保机构支付的，力争由社保机构支付；应当由企业自行承担的，在法定标准范围内及时予以妥善解决。对于少数工伤员工及家属提出的超出法定范围的要求，依法、耐心做说服调解工作，必要时通过劳动仲裁、诉讼等法律途径解决。

三、劳动争议的处理

（一）劳动争议的分类

引发劳动争议的原因有很多，可以从不同角度进行分类。按照有关惯例，劳动争议可以分为以下几种类型。

1.个人争议和集体争议

根据劳动者一方当事人人数的多少，劳动争议可以分为个人争议和集体争议，具体说明如图 19-5 所示。

指劳动者一方当事人人数在 3 人以下的劳动争议

集体争议 个人争议

指劳动者一方当事人人数在 3 人以上且有共同理由的劳动争议

图 19-5　个人争议和集体争议

2.既定权利争议和待定权利争议

按照争议的内容性质不同，劳动争议可划分为既定权利争议和待定权利争议，具体说明如图 19-6 所示。

图 19-6　既定权利争议和待定权利争议

3. 按争议事项划分的争议

按照劳动争议的事项，劳动争议可划分为因开除、除名、辞退或辞职发生的争议，因工资分配发生的争议，因保险福利发生的争议，因劳动合同发生的争议等。

（二）劳动争议案件（劳资纠纷）的处理程序

企业要想解决好劳资纠纷，首先要了解劳资纠纷处理的程序。根据《劳动法》和《中华人民共和国民事诉讼法》的规定，劳动争议案件（劳资纠纷）的处理程序如表 19-1 所示。

表 19-1　劳动争议案件（劳资纠纷）的处理程序

序号	程序	具体说明
1	劳资双方协商	劳资纠纷是内部矛盾，协商解决是最好的途径。这样可以避免纠纷的扩大，对双方都有好处
2	劳动管理部门调解	当双方协商不成时可提交当地劳动管理部门调解。这种调解不具有强制性，必须双方同意才行
3	劳动争议仲裁委员会仲裁	纠纷发生后，在协商、调解均没有效果的情况下，任何一方均可在纠纷发生后 60 日内提出仲裁申请。仲裁机关立案后应当在 2 个月内作出裁决，最长不得超过 3 个月
4	人民法院一审判决	不服仲裁裁决的一方当事人在收到裁决书之日起 15 日内向所在地人民法院提起诉讼，人民法院应当 3 ~ 6 个月作出一审判决
5	二审人民法院终审判决	当事人在收到一审法院判决后不服的，可在 15 日内向其上级人民法院提出上诉，上诉法院 3 ~ 6 个月作出终审判决
6	法院强制执行	裁决书或者判决书发生法律效力后，负有义务的一方不履行义务的，对方在一年内可以申请人民法院强制执行

一个劳动争议案件如果要走完上述全部程序，通常需要一年半左右。倘若中间还涉及工伤认定等问题，则所花时间更长，工伤赔偿案件最长时间可达到三年六个月。了解劳动争议的处理程序后，企业在具体操作中应注意行使诉讼权利；对裁决、判决不服的，应当在法定期限内起诉或者上诉。

（三）处理劳动纠纷、争议时应依法进行

企业辞退、解聘或开除严重违反劳动合同约定的员工本是正常现象，但由于一些企业开具的处理意见书中使用的是人力资源部门印章，而不是具有法人资格的单位印章，结果被劳动仲裁部门认定为无效；企业变动员工工作岗位时未进行转岗培训，员工拒绝服从安排，从而引发劳动争议，仲裁部门因为企业没有履行相关程序而认定其决定无效。这就告诉企业在处理劳动纠纷、争议时应依法进行，否则无法及时处理犯错误的员工，还白白浪费了精力和时间。

企业在处理劳动纠纷、争议过程中容易忽略的法律问题还有：处理证据不充分，缺少有力证明；忽视处理时效性规定和处理书送达手续不完善等。以上任何一个方面的疏忽都可能导致企业处理意见无效。企业处理劳动纠纷、争议留有法律"漏洞"的现象说明，一些企业处理员工问题存在随意性，没有充分重视员工的辩驳权利，以为劳动纠纷、争议处理仅是企业内部管理问题，而没有意识到必须依照法律规定的程序严格执行。企业如果继续忽视这些问题，被处理员工依据法律规定要求仲裁，不仅人力资源管理工作无法正常进行，而且企业的声誉也会受到损害。

（四）对于已经出现的劳资纠纷要谨慎评估

对于已经出现的劳资纠纷，企业要从以下几方面着手：首先，必须做好事前谨慎评估，即在正式采取仲裁或诉讼手段之前或在正式应诉之前谨慎、细致地做好案件的评估论证工作。事前评估的价值在于减少盲目性，明晰"能否为？如何为？"的问题，打有准备之仗。

其次，要积极收集证据。"打官司就是打证据"，证据的收集是一项基础性且意义重大的准备工作。

最后，要借助专家之力。聘请的专家应当是那些熟悉相关劳动法律法规、具备丰富的企业人事管理经验、讲究诚信、保守当事人秘密、一心为客户着想、认真负责的好专家，合作的方式可以包括咨询、论证、评估、方案设计、代理仲裁、代理诉讼等。

（五）六种常见劳资纠纷的应对策略

下面介绍六种常见劳资纠纷的应对策略，供企业参考。

1.解雇（辞退）纠纷的应对

如果企业做好了预防工作，则这一类纠纷的应对就会相对简单。不论是在仲裁还是诉讼阶段，企业只要准备好解雇（辞退）资料，做好答辩状或者起诉状，出庭时认真陈述和举证就可以了。只要企业对员工解雇（辞退）的做法正确，相信会得到仲裁委员会

和人民法院的支持。

2. 开除纠纷的应对

企业在应对劳资纠纷官司时，最被动的也就是开除纠纷。之所以被动，是因为很多企业在开除员工时没有收集整理好材料，尽管有很多理由，却不能提供足够的证据证明开除员工是正确的。所以，企业对证据的收集整理尤为重要。

3. 辞工纠纷的应对

通常员工自己辞工的一般不会上告，即使其上告了，对于企业一方而言也比较好解决，只要保留好辞工单，届时提供给仲裁庭或者法庭即可。

4. 加班纠纷的应对

加班纠纷官司是企业最难应对的官司，较少有企业胜诉。毕竟，目前大多数企业还未能完全按照国家规定支付加班工资。因此，要想解决好加班纠纷官司，企业应当从预防中来根本解决问题。

5. 患病医疗纠纷的应对

患病医疗纠纷主要涉及员工患病后住院治疗的医疗费用的承担，以及其因为患病不能从事原来的工作或新安排的工作而导致解除合同后的经济补偿金和医疗补助费的承担。所以，企业应当做到以下两点：

（1）注意核对员工因病住院及其医疗费的真实性；

（2）审查员工患的病是否达到不能工作的程度。

6. 工伤待遇纠纷的应对

工伤待遇纠纷主要体现在两个方面：一是没有买工伤保险，包括医疗费、医疗期间工资、一次性伤残补偿金、工伤辞退费等；二是买了工伤保险的工伤辞退费。这两种情况目前都比较普遍，很多企业都遇到过。但是，这两种工伤待遇纠纷的应对策略是不同的，具体说明如表 19-2 所示。

表 19-2　工伤待遇纠纷的应对

序号	类别	应对策略
1	没有买保险的工伤应对	（1）员工受伤后，将其及时送往医院治疗，使其早日康复，以缩短治疗时间和减少医疗费 （2）治疗结束后，立即做伤残等级鉴定。如果企业认为伤残等级鉴定有问题，应在法定时间内申请重新鉴定 （3）如果对劳动部门作出的员工属于因工受伤的认定有异议，企业应当在收到认定书之日起 60 日内申请行政复议。对复议决定不服的，企业在收到复议决定书之日起 15 日内向人民法院提起诉讼。如对一审法院判决不服，企业还可以上诉

续表

序号	类别	应对策略
1	没有买保险的工伤应对	（4）员工被确定为工伤且有伤残等级的，企业不要辞退该员工。如果员工要求辞工，企业必须在双方协商好工伤待遇问题后才能准予辞工。通常协商支付的工伤赔偿数额不应低于法律规定数额的50%，以免员工拿到赔偿后又以显失公平为由提出申诉
2	买了保险的工伤应对	按规定，买了保险的工伤，所发生医疗费的70%、一次性伤残补偿金、残废退休金等由社保局承担，企业仅承担医疗费的30%、医疗期间工资、工伤辞退费等。但是，如果伤残等级鉴定为5～10级，那就涉及企业的赔偿问题。企业要与员工协商解决，如果协商不成，就只有在员工申诉后应诉了

（六）企业要保留档案以应对劳动争议的仲裁时效延长

仲裁时效的延长是把双刃剑。对于企业维权而言，其可以使企业有更多时间追究违约员工的法律责任，但同时也使企业在员工离职之后的一年内都处于可能被员工追究法律责任的不确定状态。

因此，企业应事先做好预备工作。首先，企业对离职员工的所有档案必须至少保留一年。考虑到时效中断或中止的因素，企业最好对离职员工的所有档案至少保留两年。其次，企业在提出与员工解除劳动合同时，最好采用书面协议的方式，约定双方离职后不存在任何争议，以防范员工在离职后一年内对企业提起劳动仲裁。

（七）完善员工档案管理，规避劳动争议中不能提供证据的责任

《劳动争议调解仲裁法》第六条规定，"与争议事项有关的证据属于用人单位掌握管理的，用人单位应当提供；用人单位不提供的，应当承担不利后果"。对于这一点，企业应采取以下措施来防范，具体说明如图19-7所示。

措施一　企业必须重视并完善员工档案管理工作。例如，企业制定的规章制度、员工的档案材料、考勤记录、工资发放记录、缴纳社会保险记录、绩效考核记录、奖惩记录等。尤其是当这些档案记录对企业有利时，更要注意收集、保管

措施二　建立健全档案借阅制度也很重要，防范借后不还或遗失

措施三　要注意一些细节问题。例如，档案室要能与其他部门尽量分开，最好是独立分室，避免人员随意进出；防止公章私盖；档案保管人员本人的档案（如劳动合同等）不能由其本人保管等

图19-7　规避劳动争议中不能提供证据的责任的措施

（八）对"一裁终局"的案件应请律师把关

"一裁终局"制仅限用人单位，用人单位在部分案件中一旦在仲裁阶段败诉将可能失去通过法院再审的可能性。这就要求用人单位必须重视劳动仲裁。以前那种"劳动仲裁只是走个形式，等到法院阶段才是真正开始审理"的想法必须改变。对于"一裁终局"的案件，用人单位在仲裁阶段应聘请专业律师把关、设计应对思路。当然，最根本的还在于用人单位要规范管理，尽量避免劳动争议案件的发生。

（九）依法对追索劳动报酬等裁决申请撤销

《劳动争议调解仲裁法》第四十九条规定，用人单位有证据证明《劳动争议调解仲裁法》第四十七条规定的仲裁裁决有下列情形之一，可以自收到仲裁裁决书之日起30日内向劳动争议仲裁委员会所在地的中级人民法院申请撤销裁决：①适用法律、法规确有错误的；②劳动争议仲裁委员会无管辖权的；③违反法定程序的；④裁决所根据的证据是伪造的；⑤对方当事人隐瞒了足以影响公正裁决的证据的；⑥仲裁员在仲裁该案时有索贿受贿、徇私舞弊、枉法裁决行为的。人民法院经组成合议庭审查核实裁决有前款规定情形之一的，应当裁定撤销。仲裁裁决被人民法院裁定撤销的，当事人可以自收到裁定书之日起15日内就该劳动争议事项向人民法院提起诉讼。

《劳动争议调解仲裁法》第四十七条规定，下列劳动争议，除《劳动争议调解仲裁法》另有规定的外，仲裁裁决为终局裁决，裁决书自作出之日起发生法律效力：①追索劳动报酬、工伤医疗费、经济补偿或者赔偿金，不超过当地月最低工资标准12个月金额的争议；②因执行国家的劳动标准在工作时间、休息休假、社会保险等方面发生的争议。

（十）仲裁员应当回避的情形有权申请其回避

根据《劳动争议调解仲裁法》第三十三条的规定，仲裁员有图19-8所示情形之一的，应当回避，当事人也有权以口头或者书面方式提出回避申请。

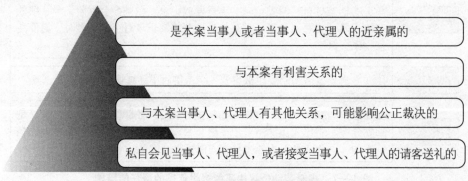

是本案当事人或者当事人、代理人的近亲属的

与本案有利害关系的

与本案当事人、代理人有其他关系，可能影响公正裁决的

私自会见当事人、代理人，或者接受当事人、代理人的请客送礼的

图 19-8　仲裁员应当回避的情形

在劳动争议仲裁中，如果发现仲裁员有以上情况，企业要行使自己的权利，申请仲裁员回避。

四、建立非司法性申诉机制

劳动纠纷在企业内部的非对抗性处理的另一种方式，即在企业内部建立非司法性申诉机制，开始受到重视。

企业内非司法性申诉机制并非企业内集体协商机制、工会制度或其他纠纷解决机制的替代，而是将员工提出申诉至申诉的最终解决加以规范化、流程化、制度化。

企业内非司法性申诉机制的设立依据来自 2011 年 6 月由联合国人权理事会通过的《联合国工商企业与人权指导原则》。该指导原则规定了非司法性申诉机制的有效性八原则。

（一）非司法性申诉机制的目的

申诉机制的目的在于发生矛盾时能够为矛盾的有效解决提供具有公信力的渠道，促进"和谐企业"的实现，有效改善管理层和员工之间、员工和员工之间的关系。

试图建立申诉机制的企业应当具有良好意愿，在国家法律法规的框架下尊重和保障每一位员工的合法权益。申诉机制鼓励员工通过非正式沟通私下协商解决矛盾纠纷。

（二）非司法性申诉机制的原则

为了保证申诉机制的有效性，企业内申诉机制应符合图 19-9 所示的原则。

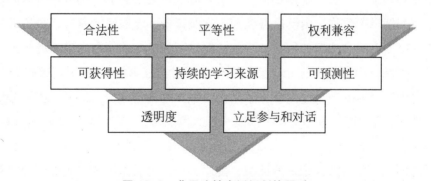

图 19-9 非司法性申诉机制的原则

1. 合法性

申诉机制应得到员工的信任，企业有责任保证申诉过程的公正性。

获得员工的信任是申诉机制得以发挥作用的关键所在。建立申诉机制的企业应当下决心在管理上保证申诉机制的公信力，杜绝人情关系、差别对待、朝令夕改。因此，如何在运作申诉机制中始终保持前后一致，是企业在实际运作申诉机制过程中应当仔细思考的重要问题。

2. 可获得性

申诉机制应被所有员工了解。在员工使用申诉机制可能面临"特殊壁垒"时，企业应向其提供适当援助。

导致员工无法使用申诉机制的"特殊壁垒"可能来自语言障碍（如方言不通）、文字或语言表达能力低（如低学历员工可能不适合书面表达）、信息不通畅（如新入职员工不了解申诉机制的存在）等。对于存在"特殊壁垒"的员工，企业应提供必要的援助，包括在员工入职培训中就告知申诉机制的存在、在企业显著位置张贴申诉流程图、为提出申诉的员工提供细致而有耐心的说明等。

3. 可预测性

企业应提供清晰、公开的程序，附带每一阶段的指示性时间框架，明确诉讼类型、可能结果以及监测执行情况的手段。

模糊而复杂的申诉机制可能让员工因为门槛多而却步。申诉机制应当清晰表明每一阶段可能花费的时间、采用的评判标准和工作流程。对申诉的处理应当遵循统一的标准（如企业明文公示的管理规定），让员工能够对申诉处理的过程作出预先判断。申诉机制的可预测性越高，越有助于员工认可申诉机制的公信力，让员工更有意愿使用申诉机制。

4. 平等性

企业应努力确保申诉者有合理的获取信息的途径、咨询意见和专业知识，以便在公正、知情和受尊重的条件下参与申诉进程。

相对于企业而言，员工在维护自身权益方面往往处于弱势，很大一个原因在于员工与企业之间的信息不对称。由于自身能力、学业背景、专业性的差异，员工无法准确把握何种状况符合自身合法权益和利益诉求，而且不具备企业的财力来聘请相关专业人士提供咨询。因此，申诉机制应允许员工自行获得可信任者提供援助或代理其提出申诉，配备资源为提出申诉的员工提供专业而又相对独立的咨询建议，保证员工平等地参与申诉进程。因此，企业应在每年预算中预留一定比例的资金，用于协助员工获取专业指导。

5. 透明度

企业随时向申诉各方通报进展情况，提供充分信息，阐明该机制如何建立对其有效性的信任，满足任何有关的公共利益的需要。

透明度要求在保护当事人隐私的前提下公开申诉的处理过程和处理结果，让对申诉的处理全面展现在企业员工和管理层面前，将申诉处理结果带到公众面前，接受公众的检验。这对企业在处理申诉时的能力、技巧、方式都提出了挑战，但收获是员工对申诉机制的认可与信任。

6. 权利兼容

企业自行管理和运作的申诉机制有可能会在重大利益纠纷面前倾向于维护资方的利益。为了避免这种情况可能对申诉机制公信力造成负面影响，维持申诉机制长久的效力和促进劳资关系的和谐稳定，在对申诉作出处理时，有效申诉机制下的申诉结果应当不违背相关法律法规，并与国际通行准则保持一致。这些国际通行准则包括联合国关于劳工权利、人权相关的公约和指导文件以及工商企业行为准则等。

7. 持续的学习来源

企业应采取相关措施从申诉处理中汲取经验教训以改进该机制，同时预防今后发生同类申诉的可能。因此，企业人力资源部门应定期统计分析申诉的类型、申诉的原因和申诉发生的频率，为企业管理层制定和完善相关制度措施提供决策依据。

8. 立足参与和对话

企业应针对申诉机制的设计和运作与员工磋商，侧重以对话为手段，处理和解决申诉。

业内非司法性申诉机制强调"对话"，通过对话化解矛盾冲突，体现了申诉机制以预防为本的根本目的；强调"参与"，让员工有空间、有条件参与到申诉机制的设计和运作中，只有听取各方意见，才能让申诉机制真正维护每一方的利益。

（三）申诉机制中的主体

企业的所有员工都有权提出申诉。此外，任何认为自身利益受损与企业员工相关的个人，也可通过申诉机制向企业提出申诉。

员工在企业工作和生活中遇到各类不满、抱怨、情绪、矛盾、意见，都可通过申诉机制向运作主体提出申诉。申诉机制不适宜解决集体性申诉。集体性申诉可考虑通过企业内集体协商机制来实现。

申诉的处理主体为申诉者和被申诉者的共同管理部门，负责人为该部门行政事务负责人。

上诉的处理主体为申诉处理部门的直接上级主管部门，负责人为该部门行政事务负责人。

人力资源部门在申诉全过程中负责协助申诉处理部门开展申诉调查，召集申诉会议，协助申诉和上诉处理部门作出处理决定，协助申诉者、被申诉者了解申诉和上诉程序等。

（四）申诉的类型

企业内可能引发员工申诉的事项包括薪资、工作时间、工作分配、食堂伙食、集体宿舍、管理层的管理方式或管理态度、工作环境、生活环境、住宿环境、人际关系、岗位调动和企业内娱乐活动等。

在申诉机制构建初期，企业应开展试点工作。申诉机制试点可首先对特定申诉事项进行处理，然后逐步扩大可申诉事项，最终确保员工的所有申诉都能通过申诉机制加以解决。

（五）申诉处理的标准

申诉处理应当与国家的法律法规、企业的制度规定保持一致，同时应遵守国际相关准则，如联合国保护劳工权利与人权的相关公约、工商企业行为准则等。

（六）申诉处理的程序

申诉处理的程序如图 19-10 所示。

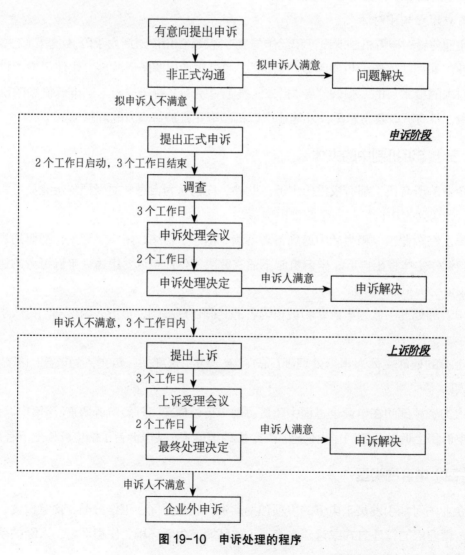

图 19-10　申诉处理的程序

申诉程序说明如表 19-3 所示。

表 19-3　申诉程序说明

序号	程序	步骤说明	备注
1	非正式沟通	（1）在提出申诉前，应让员工使用企业既有的员工沟通渠道，尝试直接解决申诉所涉事项 （2）可直接与当事人单独沟通，也可在他人或调解员调解下与当事人沟通 （3）非正式沟通无效，或所涉事项不适合沟通，员工可提出正式申诉	申诉机制鼓励员工以非正式沟通的方式解决各类引发申诉的问题，这能够有效节约员工和企业在申诉机制中的成本投入。因此，员工在遇到引发申诉的问题时，可首先与当事方协商沟通尝试解决问题
2	提出正式申诉	（1）员工可针对企业内发生的任何问题进行申诉 （2）员工可自行提出申诉，也可在员工代表或企业内工会成员、获得员工信任的外部机构或个人的陪同下，提出正式申诉，也可委托企业内的其他员工作为代理人代表员工提出申诉、向员工提供咨询意见、协助员工完成整个申诉程序 （3）申诉受理部门为申诉者和被申诉者的直接主管部门，处理申诉的负责人为该部门行政事务负责人。人力资源部门负责协助申诉各方完成申诉流程。在人力资源部门负责人作为被申诉者时，人力资源部门也应指派专人协助各方完成申诉流程 （4）正式申诉可通过口头或书面形式向申诉受理部门提出 （5）以书面形式提出的申诉，申诉受理部门应通过人力资源部门向员工开具收悉证明 （6）以口头形式提出的申诉，申诉受理部门应通过人力资源部门安排专人记录申诉，将书面记录交员工阅读，得到员工签字确认，并向员工提供书面记录副本	员工有获得陪同和指定代理人的权利。获得陪同的权利在于缓解员工提出申诉时的紧张情绪，为员工提供参考意见，维护被陪同者的利益。指定代理人的权利在于保障员工因担心申诉可能给自己带来的潜在风险，而能够选择通过代理人表达申诉。代理人可以是工会代表，可以是非工会人员、由部分员工推举出的员工代表，也可以是获得员工个人委托的其他员工，还可以是获得员工信任的外部机构或个人
3	调查	申诉受理部门收到申诉后，应在人力资源部门参与下，在 2 个工作日内启动申诉调查，并应在 3 个工作日内结束调查。如遇特殊情况，申诉调查启动时间或完成时间需要延期，申诉受理部门应当给出明确的理由，并应明确给出延期所需时间	
4	处理	（1）调查结束后 3 个工作日内，申诉受理部门应在人力资源部门参与下，召集申诉人、被申诉人举行申诉处理会议，公布申诉调查结果。调查结果公布后，申诉人、被申诉人有权在申诉处理会议上表达自己的立场、观点和对事实的解释或澄清。申诉人、被申诉人都享有获得陪同和委托代理人的权利 （2）申诉受理部门在人力资源部门参与下，在申诉处理会议结束 2 个工作日内出示申诉处理决定 （3）申诉处理决定应传达至申诉人、被申诉人，并应在人力资源部门保留备份	

序号	程序	步骤说明	备注
5	上诉	（1）如申诉人、被申诉人对申诉处理结果有异议，可在收到申诉决定后的3个工作日内提出上诉 （2）上诉处理部门为申诉受理部门的直接主管部门，负责人为该部门行政事务负责人。人力资源部门负责协助上诉各方完成申诉流程 （3）上诉处理决定应在人力资源部门参与下，在上诉提出的3个工作日内召开上诉处理会议 （4）申诉人、被申诉人有权在上诉处理会议上表达自己的立场、观点和对事实的解释或澄清。申诉人、被申诉人都享有获得陪同和委托代理人的权利 （5）对申诉的上诉处理，应以申诉受理部门的调查结果、申诉人和／或被申诉人对事实的解释或澄清为依据，原则上不对申诉内容重新展开调查 （6）上诉受理部门应在人力资源部门参与下，在上诉处理会议结束2个工作日内出具上诉处理决定。上诉处理决定应传达至申诉人、被申诉人，并应在人力资源部门保留备份 （7）上诉处理决定为企业内的最终处理决定。如申诉受理部门为企业内最高管理部门，则申诉处理决定即为最终处理决定	"两级终审制"的方式能够有效减少企业管理层对申诉处理的资源投入，提高申诉处理的效率。同时，在企业内部设置申诉和上诉两级环节，已能清楚表明企业管理层对申诉的态度和立场，员工如仍对上诉处理决定不满，即可选择企业外救济渠道
6	企业外申诉	申诉人不满意，在企业外寻求其他非司法救济或司法救济	申诉人、被申诉人使用申诉机制，并不放弃在企业外获得其他非司法救济或司法救济的权利

（七）申诉信息的保密

企业管理层在申诉过程中应确保相关信息的安全性。申诉者可决定相关信息是否公开。

申诉和上诉处理决定可在隐匿参与方姓名或任何可能导致参与方身份泄露等信息的前提下，由人力资源部门向全体员工或管理层公布。

信息在保持匿名情况下向全体员工公开，是展示申诉处理过程透明、公开的最好方式，有利于在员工中树立申诉机制的公信力，获得员工对申诉机制的认可与信任，也有利于在员工中普及企业的管理制度。信息在保持匿名情况下向管理层公布，有利于管理层积累管理经验和教训，提升管理工作效率，不断改进、完善企业内申诉机制。

人力资源部门每年应统计并分析申诉类型、申诉和上诉的频率等信息，收集员工对申诉机制的意见及建议，为企业决策者对申诉机制和企业管理制度作出改进提供参考依据。

第二十章　合同管理

在人们愈发重视契约的社会中，合同的法律效力与日俱增，签订合同也是最有效的法律依据之一。如今，诸多企业将合同管理作为日常经营管理的重点，以此防范企业法律风险的发生。很多企业将合同审查等误认为合同管理，认为配备了法务人员对合同进行审查就实现了合同的管理，反观效果并不理想，由此认为实现合同管理是件非常困难的事情。其实，只要我们对合同管理有一个正确的认知，并选择恰当的合同管理方法就一点都不难了。

一、合同管理的法律依据

签订合同首先需要由要约人发出要约，然后在要约确定的期限内，由承诺人以通知的方式作出承诺。

《中华人民共和国民法典》（简称《民法典》）第四百七十二条规定，要约是希望与他人订立合同的意思表示，该意思表示应当符合下列条件：内容具体确定；表明经受要约人承诺，要约人即受该意思表示约束。

《民法典》第四百七十九条规定，承诺是受要约人同意要约的意思表示。

《民法典》第四百八十条规定，承诺应当以通知的方式作出；但是，根据交易习惯或者要约表明可以通过行为作出承诺的除外。

《民法典》第四百八十一条规定，承诺应当在要约确定的期限内到达要约人。

《民法典》第一百四十三条规定，具备下列条件的民事法律行为有效：行为人具有相应的民事行为能力；意思表示真实；不违反法律、行政法规的强制性规定，不违背公序良俗。

二、合同的全过程周期化管理

所谓合同管理，其实是合同的全过程周期化，包括合同谈判、审查、履行、纠纷处理等环节，具体分为合同签署前、合同签署时、合同履行时和合同履行后等阶段。

（一）合同签署前

1. 确定签署合同的目的

签署每一份合同都有它的目的，在签署合同之前必须明确这个目的是什么，围绕这个目的才能集合企业各个部门的力量来针对这份合同做准备工作。

2.审查合同对方主体资信

现代社会是陌生人的社会，企业往往因为不了解交易对象的具体情况而遭受损失。所以，在签署合同前，要对对方的资信进行调查。

（1）请对方自行提供自身基本情况，如企业营业执照、税务登记证等企业证照。

（2）若有必要，要求对方到市场监督管理局、税务局、银行等开具其企业的最新档案信息。

（3）核查对方是否具有将要合作业务的资质或许可。例如：要委托对方进行建设施工，则要核查是否具有相关施工资质；要加盟对方的连锁项目，则要核查是否具有特许经营资质。

（4）调查对方是否涉及诉讼或者投诉、行政处罚等。

（5）在签署重大合同时，企业应聘请独立财务、法律服务团队进行专业的尽职调查，如果调查结果不理想则应取消合同的签署计划。企业切勿因前期资信调查费时费力或聘请专业服务团队费用高而不进行该项工作。如果调查结果显示交易对象确有资信瑕疵，做了资质调查对于企业而言只是耗费了相应成本，而没做调查签署了合同则损失可就远远不止如此了。

（二）合同签署时

1.相关负责人分工

（1）确定谈判负责人。进入合同签署的阶段就需要确认与对方谈判的人员。一般情况下谈判人员为企业的业务人员，但涉及较大合同的，则需由企业业务人员、法务人员、相关技术人员等会同参加谈判。

（2）确定文本内容审核负责人。文本内容的全面审核工作一般会交给法务部门，其实这是一个不太合适的方式。法务顾名思义是侧重审核法律条款的，而且法务人员往往没有参与合同签署的全过程，审查内容时难免会有遗漏或者偏颇。合同是整个项目谈判的呈现载体，也是日后履行中的依据，所以应由全程跟进项目的业务人员与法务人员共同负责合同内容的全面审查。

（3）须指定一人跟进合同签署、执行的全部流程。合同的签署分为四步，这四步中的前三步是前后连贯、相互衔接的，如果中间被隔断将造成合同文本内容与谈判内容不符，或合同履行与合同文本约定内容不符的情况。所以，企业应指定一人全程负责合同的整个签署、执行过程。

2.合同文本的审查

每一类型的合同有着不同的审核要点，如买卖合同重点审查对标的物的质量约定、价款约定、数量约定等，运输合同重点审查运输方式的约定、运费核算的约定、运输风险的约定等。表 20-1 对一般合同的通用条款审查要点进行了简单的梳理。

表 20-1　合同文本的审查要点

序号	审查项目	审查要点
1	双方主体信息	合同首部应列明签署合同主体的准确名称、地址、负责人等
2	合同签署的背景及目的描述清楚明确	在合同条款前，一般会有"鉴于"部分，该部分主要描述了合同签署的背景及目的，在日后发生纠纷时可以用来明确是否违背了合同的根本目的，或用来主张对方不具有"鉴于"部分描述的相关能力
3	审核合同双方的权利义务	权利义务条款是合同的核心条款，对权利义务的描述应详细、准确、体现合同谈判结果并具有可执行性。企业的合同绝大多数是双务合同，有权利必有义务，权利与义务应为对等或基本对等。在设定权利义务条款时不可太过倾向于自己一方，这样的文本发给对方审核会让对方认为我们在谈判结果之上做文字游戏，没有合作诚意，因而影响合同签署的进度
4	合同通知条款的约定	因被通知方经常会以没有收到通知为理由不认可通知内容，故须在合同中约定多种通知方式，并要求双方保证通知渠道畅通，如一方单方变更收取通知的地址，则自行承担未收取通知的责任。现在移动互联网应用发达，人们习惯以各种方式进行工作联系，所以除传统的邮寄通知、邮件通知等方式外，还应增加微信、QQ 等通知指定账号的约定。注意应对各种通知方式划分界限，如解约通知必须书面送达、变更发货时间必须邮件通知、即时消息仅可作日常联络等，以免因通知渠道增多造成合同变更形式不正式而产生纠纷
5	违约条款	违约条款应具有可执行性，不鼓励做过度严苛的违约约定，这样往往在签署过程中影响签约进度，在出现纠纷后也很难得到法院的支持。违约责任应与合同的权利义务条款相对应，避免出现高度概括性的违约责任条款，因为这在实践中很难实际操作
6	法律适用及管辖条款	在谈判地位允许的前提下，尽量争取有利于自己的法律适用及管辖地点。如果实在难以约定在自身所在地点管辖，则退而求其次与对方协商约定为"被告所在地"或"原告所在地"这样的方式。另外，如果想约定仲裁，则切记保证仲裁条款有效，不可出现"仲裁或诉讼"或对仲裁机构约定不明的情况
7	签署与生效条款	明确合同签署与生效的条件，如要求必须加盖公章并且由法定代表人签字

3. 合同签署的形式完善

合同签署的形式完善需要留意图 20-1 所示的要点。

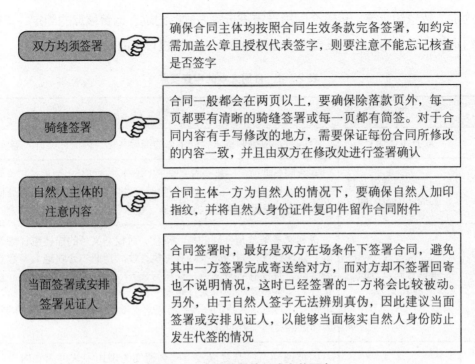

图 20-1　合同签署的形式完善要点

（三）合同履行时

合同签署完成后应交由专人保管，并严格按照合同约定开始履行。合同的履行需要注意以下问题：

（1）合同签署后，应及时将原件交给存档部门存档，并由合同执行的负责人留存合同副本，以便随时查阅合同并按照合同约定内容履行合同。

（2）合同执行负责人督促企业各部门推进合同履行进度，如作为建设施工合同的发包方，其既要及时提供设计图纸、控制施工节点，又要按时付款、及时验收。在保证自身如约履行的情况下，也要按照合同约定的节点确认对方是否及时履约，如对方没有按照合同约定履行义务，则要及时行使合同履行的三种抗辩权（同时履行抗辩权、先履行抗辩权及不安履行抗辩权），以保证自身不会因单方继续履行而产生更多的损失。

（3）在合同履行过程中，若出现履行障碍应及时通知对方，并协商处理方式。很多时候合同履行出现障碍及时通知了对方可避免造成严重损失甚至不产生损失，而不及时通知对方则会造成根本违约。例如，买卖合同的卖方因自身货源不足无法供货，及时通知对方后，对方可寻找其他卖家，但若临近交货期，则对方没有时间再更换卖家，最终影响买家使用造成严重违约后果。

（4）在合同履行过程中，注意使用约定的联系方式，对于对方的通知、变更也要核实是否是约定人员、约定地址发出。

（5）在合同履行过程中，若出现对方违约，应及时采取救济手段，进行催促或申请法律救济，以免超过时效。

（四）合同履行后

合同履行后，应对合同进行妥善的归档、保管并对合同进行登记、分析。

1. 合同归档

（1）合同应交由企业档案管理部门进行归档，档案管理一般为法务部门或行政部门。为保稳妥，建议企业每份合同至少应留存两份原件，并分别放置两个地方独立留存。

（2）合同登记的项目应由企业的业务部门与归档部门一同汇总，共同完成登记工作。有些企业仅登记合同中的收、付款信息，这是远远不够的，登记应至少包括对方主体信息、主要项目内容、本企业合同负责人、对方合同负责人、主要权利义务履行期限、付款节点、收款节点，涉及资产购买的还应进行资产登记。

（3）合同归档之前进行扫描，留存合同电子版，做到纸质文件与电子文件的统一。日后非必要使用原件时，查询电子版本即可。

（4）建立客户档案信息。将通过签署合同得知的客户信息进行汇总，方便日后查询。汇总的信息应包括客户主体信息、联系方式、业务成交过程中的重点注意事项等，为日后客户回访及老客户维护提供信息支持。

2. 建立客户评价系统

每签署一份合同并执行完毕后，请客户对本企业进行评价，以收集企业在合作过程中的不足，并进行对应的改进完善工作。

3. 定期对合同进行汇总、整理、分类、分析

定期对合同进行汇总、整理，从不同的角度对合同进行分类、分析。例如，在艺人经纪公司中，可以按照艺人分类，这样可以汇总每位艺人的业务收支情况、经纪事务发展情况，给每一个艺人团队的发展提供数据支持；可以按照业务类型分类，这样可以汇总公司的版权收入、演出收入、制作支出、造型支出，给公司老板在日后平衡总体收支提供参考；还可以按照经纪业务来源分类，这样可以看出业务的来源是哪里，能够促进销售体系的完善。根据每个企业实际情况的不同，可以灵活地、多维度地进行汇总、分析，通过合同来反映企业的经营状况进而调整企业经营策略。

表20-2、表20-3是企业合同管理台账的展示，供参考。

表 20-2　企业合同管理台账（一）

序号	合同编号	签约时间	单位名称	合同主要条款内容								合同履行情况						变更解除情况	备注
				合同标的	计量单位	数量	单价	总数额	提（交）货时间	提（交）货数量	付款时间	提（交）货时间	提（交）货数量	发货（入库）凭证号	付款时间	付款金额	付款凭号		

表 20-3　企业合同管理台账（二）

序号	合同编号	签约		对方当事人情况				合同主要条款内容						对方情况				合同履行情况			其他				
		时间	地点	单位名称	约定代表人	委托代表人	联系电话	合同主要标的	计量单位	合同总价款	工程完工时间	结算方式及期限	争议解决地点及方式	签约部门	委托代理人	授权委托书号	审批领导	备案证书号码	总金额	结算时间及金额	签证（公）情况	资信情况	变更解除情况	发生纠纷情况	仲裁诉讼情况

三、合同管理制度化

在公司的经济活动中，为保证合同法律、法规的正确适用，保证合同全面履行，公司根据自身特点制定合同管理制度。

（一）公司合同管理的协作责任制度

1. 岗位责任制度

公司合同管理工作由经营部负责，并设若干名专职合同管理人员，签订和履行合同时要分工明确，各司其职，各负其责。

2. 会签制度

在合同订立之前，要由招标部、经营部工作人员参加，共同研究，并出具能否订立合同的意见，以保证合同的合法性、可行性，各职能部门之间要相互衔接和协调。由经营部负责制作"签订合同申请表"。此表包括两部分：一是有关合同本身的内容；二是会签的程序安排。

3. 协作制度

合同签订后，各有关业务科室和工作人员根据自己的职责进行协商，及时采取措施，解决履行合同中出现的问题，以保证合同的兑现。

4. 奖惩制度

对合同管理人员的工作情况给予奖惩，并与《公司岗位目标责任实施办法》挂钩。工作尽职尽责、成绩显著的，或者为公司免受重大损失、为企业多创效益的，给予表扬和奖励，包括授予荣誉称号、发给奖金、记功、升级、升职等。工作表现差的，给公司带来损失或有重大失误的，给予批评教育，并按其情节轻重分别给予不同的纪律处分、行政处分或经济处罚。

（二）公司合同管理的监督检查制度

1. 汇报登记制度

公司业务人员代表本公司签订合同后，应按规定向公司有关职能部门或公司有关负责人汇报，合同管理员则将合同的有关内容登记到相关的台账簿上，以便监督检查。

2. 法人代表授权委托制度

由于公司的法定代表人不可能直接参与每一份合同的签订，而常常是由业务员或其他人员代理法定代表人去签订合同，因此实行法人代表授权委托制度，使签订合同人员取得合法资格，既可以取得对方的信任，顺利签订合同，又能促使和制约代理人认真签订合同。法人授权委托制度的内容主要包括：

（1）公司有关业务人员要认真学习《民法典》中有关合同的规定，在参加市场监督管理部门组织的法规考试合格后，方可接受法定代表人签发的签订合同"授权委托证明书"。未经法定代表人授权或超越授权范围签订的合同一律无效，由此产生的责任由本人承担。

（2）领用长期或临时"授权委托证明书"应向经营部办理登记手续，公司向市场监督管理部门领取统一制定的签订合同"授权委托证明书"，如代理事项变更，应及时办理变更手续，对于发放盖章空白授权委托书，要由总经理审批。

3. 审查审批制度

经营部负责对合同对方当事人的资格、资金、信誉等情况进行审查。公司签订合同要经总经理签署意见后方可加盖公章，此时合同才能正式成立。

4. 合同专用章管理制度

（1）合同专用章由公司统一刻制、编号、保管、使用，并到市场监督管理部门备案。

（2）合同专用章由经营部设专人负责保管，只限本企业对外签订合同使用，原则上不得携带外出。

（3）合同专用章应在正式合同文本上使用，并有法定代表人签署，或者有法定代表人签发的"授权委托证明书"，方可使用。

（4）合同专用章或盖有合同专用章的空白合同遗失与被盗时，要及时通知有关部门进行处理，同时登报声明挂失作废，给公司造成经济损失的，要追究当事人责任。

5. 检查履行制度

公司总经理、副总经理及经营部负责人要定期或不定期对合同的签订履行情况进行检查，以防止发生问题，酿成纠纷。相关规定的制定和落实，对于及时解决履行中的困难和矛盾具有重要作用。特别是对于标的金额较大或履行期限较长的合同，一般都应作出中途检查的规定。

6. 索赔制度

在对方违约时，由经营部负责，依法及时向对方提出索赔要求，追究对方违约责任，以挽回因对方违约行为而给公司造成的经济损失。

（三）公司合同管理的统计考核制度

1. 统计报表制度

根据上级业务部门或合同管理机关的要求，对合同的签订、履行、变更、解除及发生纠纷的处理等情况进行统计汇总，按规定的日期和要求上报。

2. 合同考核制度

通过引进激励机制，将合同管理纳入公司经济责任制考核范围，以调动合同管理人员的积极性。考核内容一般包括合同签约率、履约率指标，合同送审时间，签订合同内容的合法性及条款的完备性，合同管理台账、报表、档案的管理情况等。考核办法一般是开展竞赛评比活动，采用百分制，公开考核，并同奖金挂钩。

（四）公司合同管理的合同档案制度

合同依法签订后，当事人各方将合同正本交由各自单位合同管理员保管，合同副本留合同承办人员备用，必要时抄送、抄报有关单位。合同管理员对已经生效的合同要编号登记，逐个建立档案。合同档案的内容包括合同文本及附件、合同签订申请表、签约洽谈纪要、合同变更解除的往来文书、合同履行情况记载等。合同档案管理实行平时立卷，年终一次归档，专人保管的制度。合同档案是企业合同管理的重要资料。一旦履行中发生纠纷，完整的合同档案资料有助于纠纷的顺利解决。

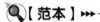 【范本】▶▶

某公司合同管理办法

1. 目的

为明确某公司及下属关联企业（以下合称为"公司"）的合同管理流程，加强合同管理，规范公司各部门在合同管理中的职责，控制风险，维护公司利益，公司制定本合同管理办法（以下简称为"本办法"）。

本办法所称合同是指以公司为一方主体的各种类型的合同、协议，以及以公司名义作出的担保、授权、招标、声明、承诺、证明等具有约束力的法律文件。

2. 适用范围

本办法适用于公司及下属企业的全体部门及人员。

3. 管理规定

3.1 合同管理机构及职责

3.1.1 法务部为合同的归口管理部门。主管/业务部门、财务部门在其职责范围内负责相应的合同管理工作。

3.1.2 法务部履行以下职责：

（1）制定合同管理制度并监督该制度的执行；

（2）依据本办法审查合同；

（3）制定合同示范文本；

（4）监督检查合同的履行情况；

（5）接受各部门有关合同的法律咨询；

（6）处理合同纠纷；

（7）负责合同专用章的使用及管理，建立合同登记台账，指导合同档案保管。

3.1.3 主管部门负责合同具体操作，是合同的承办部门。合同承办部门指定一人为合同承办人。合同承办部门履行以下职责：

（1）对合同相对人的主体资格、履约能力进行评估与选择；

（2）根据本办法选用合同文本或自行起草合同文本；

（3）落实合同商务条款和风险防范机制；

（4）协调处理合同审批、签订、履行、纠纷等相关事宜；

（5）负责合同原件的保管及档案移交工作。

3.1.4 财务部门履行以下职责：

（1）审查合同的财务事项是否符合国家财税法规和公司财务管理制度；

（2）审查合同的付款、收款事项是否符合公司资金计划；

（3）对合同的涉税问题提出意见和解决措施。

3.2 合同起草

3.2.1 合同内容由合同承办部门负责起草，必要时可请法务部门予以协助。重大或复杂合同，可由法务部门起草。

3.2.2 合同承办部门选用合同文本时，应按以下顺序进行选择，顺序在先的合同文本优先适用：

（1）公司制定的合同示范文本；

（2）公司已签署过并经法务部核准的合同文本；

（3）政府或行业协会推广使用并经法务部推荐的合同示范文本；

（4）合同相对方提供的合同文本。

3.2.3 为保障公司利益，在合同谈判中能占据优势，除垄断部门或特殊行业的企业提供的合同文本外，原则上应选择我方提供的文本。

3.2.4 合同承办部门应当先行对合同的下列事项进行调查和审查：

（1）合同主体具有有效的营业执照，其登记内容与合同内容相一致；

（2）合同标的符合当事人经营范围，涉及资质要求的，应具备相应资质证书；

（3）由代理人代办、代签合同的，应由代理人取得授权委托书；

（4）合同当事人应具有相应的履约能力及良好的履约信用。

3.2.5 涉及重大事项的合同，如并购、资产重组等，承办部门可请法务部门、财务部门或社会中介机构就合同相对方及合同涉及事项进行尽职调查。

3.2.6 对于涉外合同，原则上应用中文表述，且应约定适用中国法律，受中国法院或仲裁机构管辖。合同相对方如有要求，可附外文版，但应约定以中文版为准。如合同内容是在国外履行的，经公司特别批准，可用外文版，但仍应符合国家法律规定及相关政府部门的要求。

3.2.7 合同承办部门起草后的合同至少应符合以下基本要求,否则法务部门或财务部门有权要求合同承办部门重新起草:

(1)合同相对方具有签约资格;

(2)文字应不存在表述混乱、逻辑不清、语法错误等现象;

(3)合同商务内容已征得公司主管领导同意。

3.3 合同审核

3.3.1 起草后的合同首先应经承办部门负责人审核通过,然后同时发送/送交财务部门、法务部门审核;如合同涉及资金收付的,应先经财务部门审核。

3.3.2 各部门的审核时间一般不应超过三个工作日,特别重大或复杂的合同经本部门负责人同意后可适当延长审核时间。合同承办部门与合同相对方的沟通、洽谈时间,不计入审核时限。

3.3.3 合同承办部门欲在预期时间得到审核结果,应自行提前安排送审。如合同事项紧急,应经合同承办部门负责人亲自发起,各部门应配合提前完成审核。

3.3.4 财务部门负责审核下列合同内容:

(1)合同条款是否符合国家财税法规和公司财务规定;

(2)合同支付条款是否符合公司资金安排。

3.3.5 法务部门负责审核下列合同内容:

(1)合同主体、内容、形式是否合法、有效;

(2)合同条款是否完备、严密、准确;

(3)合同风险是否能规避或降低;

(4)合同违约条款能否满足公司要求;

(5)相关审批程序是否符合公司规定。

3.3.6 经财务部门、法务部门提出审核意见的合同,承办部门负责与合同相对方进行沟通,尽量按审核意见进行修改。需要审核部门进行条款释义、合同谈判等工作的,可要求审核部门参加。

3.3.7 在合同正式签订前,合同承办部门应核对最终签署的合同文本与经审批通过的合同文本保持一致,任何人不得擅自修改合同文本。

3.4 合同履行、变更与解除

3.4.1 合同签订后应全面履行。在合同履行中,合同承办部门或合同履行责任人发现合同相对方有经营严重恶化、转移财产抽逃资金以逃避债务、丧失商业信誉、丧失履行债务的能力或其他违约可能情形的,应立即向本部门负责人及法务部门报告,由法务部门会同相关部门拿出解决方案,报公司决策。

3.4.2 在合同履行中,公司实际履行确有困难的,应向本部门负责人及法务部门报告,由法务部门会同相关部门与合同相对方协商解决方案，报公司决策。

3.4.3 合同履行期限超过一年的，由合同承办部门会同财务部门与合同相对方对账一次。

3.4.4 合同签署后，对合同的任何变更或解除，承办人须向原审批部门报批。在经合同变更或解除审批程序前，任何人不得以实际履行的方式变更或解除合同。对合同的变更或解除，应以书面方式确认。

3.5 合同纠纷处理

3.5.1 合同中争议解决条款应尽量约定在公司所在地人民法院或仲裁机构解决。

3.5.2 合同发生纠纷时，先通过协商、调解等方式解决；协商、调解达成一致的，应形成书面协议，协议签订前应当送法务部门审查。协商、调解未成的，可按合同约定申请仲裁或提起诉讼。

3.5.3 合同承办部门应将合同纠纷情况及时报告，并协助法务部门做好仲裁或诉讼的证据收集工作。如法务部门认为需要借助外部律师协助处理争议，经公司批准执行。

3.6 合同档案管理

3.6.1 合同承办人将已签订的合同原件交由公司财务部门、档案管理部门进行登记、存档，以备查询。法务部门留存已签署的合同复印件或扫描件，以协助监督执行。

3.6.2 法务部门应建立合同登记台账。合同台账的主要内容应包括：合同名称、编号、合同标的、金额、合同对方、承办人、履行情况及备注等。

3.6.3 合同编号规则，由法务部门根据公司实际需要拟定。

3.6.4 凡接触和持有合同文件的员工均应严格遵守公司保密制度，未经公司批准，不得擅自泄露任何合同信息。公司员工未经合同管理部门批准，不得擅自向他人借阅、复印、扫描合同文件。

3.7 奖励与罚则

3.7.1 对在合同签订、履行过程中发现重大问题，积极采取补救措施，使公司避免重大经济损失以及在纠纷处理中，避免或挽回重大经济损失的，公司予以表彰或奖励。

3.7.2 有下列情形之一，并对公司造成损失的，予以相应的处罚：

（1）未按本办法起草、报批和签订合同的；

（2）签订存在重大缺陷或无效的合同的；

（3）承办人、审核人员因疏忽未审出合同重大缺陷的；

（4）丢失合同文本、相关法律文件和证据的；

（5）发生纠纷或出现不利于我方利益的情况后，未及时向有关部门汇报的；

（6）在合同签订或履行中，与对方或第三人恶意串通或收取贿赂的；

（7）泄露合同意向、商业秘密或其他机密的；

（8）其他严重违反本合同管理办法的。

四、引进"智慧合同"平台全程把控合同生命周期

随着时代的发展变化，合同管理不再只是签订合同、履行合同，而是一个需要体系化、系统性的全过程管理，对于合同的管理密切影响到一个企业的自身利益和未来发展。

传统的合同管理架构受制于环境条件影响，合同数量多，纸质合同和电子版合同混合，管理成本高，查找不方便；参与人员多，合同管理工作进度的控制基本靠人工，协同效率低，领导难以把控全局和及时了解流程进度关键节点的工作履行情况等。各种问题导致合同管理工作缺乏计划性和科学合理性，而数字化合同管理平台则能很好地解决这些问题，使得合同管理工作有的放矢。

所以，企业可以引进"智慧合同"平台全程把控合同生命周期。下面介绍一个"智慧合同"平台——易臣数字化合同管理平台。

 相关链接

易臣数字化合同管理平台

易臣深耕多年数字化办公技术，以流程为驱动力，构建闭环管理，敏捷响应动态市场格局下企业对合同管理模式的调整，实现企业流程自动化运作，节省内部运营成本，提升企业合同管控水平。

科学合理的合同管理架构体系是工作顺利执行的保障，易臣数字化合同管理平台有效实现合同全生命周期管理，从合同起草、审批、签订、执行、归档、统计全流程体系化智慧管理，从"人找事"到"事找人"智能转变，让流程流转更高效，企业实际使用体验更友好。

其应用场景及能够解决的问题如图 20-2 所示。

图 20-2　应用场景及能够解决的问题

场景一：电子化合同生态体系，高效协同便捷管理

电子化合同管理业务体系，无缝打通各环节信息传递，从合同的拟稿、定稿到签署在线快速协同审核，实现一个数字化平台统一管理合同，提高合同响应效率，减轻企业内部管理负担。

1.合同审批数字化

灵活定义合同审批流程，领导在线即可审批处理合同付款、借阅、变更等申请，审批过程中所有操作留痕，明确记录审批信息，解决合同流转过程费时费力、审批耗时过长、记录难查阅的问题，加快审批效率。

2.合同签章电子化

利用电子签章，简化审批流程、秒发秒签，可借助电脑、手机、平板等电子设备在线手写签名，直接数字化授权用印，实现合同审批用印签批一体化，解决线下合同签署时间、地域限制，不用再花费精力去核实、查找印章。

场景二：全周期电子化灵活管控合同进度，提升管理效率

数字化全程监管合同记录，实时跟踪、监督和监测合同进度动态，针对合同签署后的合同付款、合同借阅情况进行跟踪，提高管理效率，降低企业管理风险，为合同全生命周期保驾护航。合同监控界面如图20-3所示。

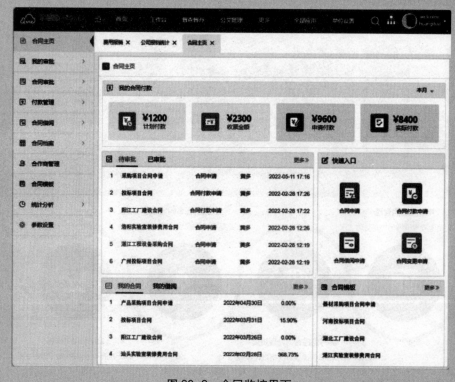

图20-3 合同监控界面

1.动态化监管合同进度

提供个性化工作门户，在线动态化监督合同申请、审批、修改、盖章、签订等全过程，将合同责任分解、落实到个人，有助于负责人随时掌握合同履行过程的具体情况，解决传统合同管理中因人力、资源不足而不能覆盖合同全流程监管，进而因合同产生纠纷或者损失，从而使企业利益受损的问题。

2.实时跟踪合同变化记录

每笔合同都有完善的跟踪机制，合同签署后的付款、开票、借阅、变更等变化记录实时系统更新，每一项更改操作都会在系统留有痕迹，相关负责人可以随时查询追踪到合同的每一个变化记录，解决了合同执行中存在的偏差难以被发现的问题，从而导致无法及时提出纠察和措施，为合同目标的实现埋下隐患。

3.智能催办预警提醒

根据流程节点工作时间规定，一键快速催办相关负责人员，多种信息提醒模式保障负责人及时收到提示信息，智能提醒预警合同剩余天数，防止合同逾期导致合同无法顺利履行，因此而产生合同履约率低、结项率低等问题，导致公司利益受到影响。

场景三：智能规范管控合同业务信息，构建信息电子化环境

实现合同业务信息全数字化，搭建标准化合同范本库，高效处理合同文本，合同文本自动归档，所有合同相关记录系统留痕，一键查出合同业务整条脉络，才是真正的"无纸化"合同信息管理。

1.合同起草规范化

提供符合规范的合同范本库，在线编辑合同模板快速拟稿，自动写入关键信息，提高合同起草效率，解决合同格式、内容规范化要求，避免因合同文件不够严谨、合法、完善而产生法律风险。图20-4即为合同申请界面。

图 20-4　合同申请界面

2. 合同归档及留痕智能化

自动收录合同文本内容及过程中产生的附件资料，妥善做好文件存储，智能实时记录合同业务流程变动，精准同步更新变动信息，流程变则信息变，确保合同所有变化都能在线查询，解决纸质合同人工查找慢、附件丢失、节点记录模糊等问题，保障了合同信息的安全性。

场景四：可视化数据统计报表，助力企业宏观战略决策

强大的报表功能提供可视化的合同数据统计报表，将数据变成图形，以数字化驱动合同全生命周期管控，如图 20-5 所示，分析结果更清晰明了。通过视觉化的图形对比，用户可快速读取数据重点信息，复杂的统计数字更简单化、形象化，用户更容易直观分析企业内部合同执行细节。

解决纯文字表述枯燥、关系对比不明确、难以快速掌握核心信息等缺点，避免企业的执行力和发展方向受到影响。

图 20-5 以数字化驱动合同全生命周期管控

第二十一章　风险管理

企业法律风险是指企业因自身经营行为的不规范或者对方违法犯罪、侵权违约，以及外部法律环境发生重大变化而造成的不利法律后果的可能性。

一、法律风险管理的必要性

（一）法律风险管理可以减少企业损失

法律风险融通于各种企业风险中，它不是孤立的一种企业风险，从形成原因和表现形式上看，有直接的法律风险和间接的法律风险。

1. 直接的法律风险

直接的法律风险，即法律因数导致的，或者由于经营管理时缺乏法律支持而带来的各种企业风险。例如，企业决策判断时缺乏法务支持而导致的决策风险；企业管理体系中合同管理、知识产权管理、管理人员法律意识等欠缺而导致的管理风险；立法调整而导致的非经营风险。

2. 间接的法律风险

间接的法律风险，即非法律因数导致的企业风险发生后，给企业带来的各种风险。例如，财务风险带来的法律风险；企业经营失败后给股东带来的企业清算责任；企业决策在实施中因为战争、自然灾害等不可抗力而导致的经营失败给企业带来的民事赔偿以及法律纠纷。

可以说，企业任何一种行为都潜藏着法律风险。法律风险只是企业在社会海洋中航行时触碰到的各种"暗礁"（风险）的一种；但是，企业的任何一种"撞礁"风险，最后都会带来法律风险。

（二）法律风险管理可以提升企业价值

法律风险管理是企业全面标准化管理体制的核心内容，与公司治理、内部控制体系、企业道德规范和相关合规体制共同构成一个完整细密的企业管理体系。法律风险管理可以提升企业价值，其原因包括但不限于以下几个方面。

（1）在"公司治理"成为热门话题的今天，良好的法律风险管理本身就可以增强企业外部利害关系人（如作为债权人的银行）对企业管理的信心，有利于企业融资。

（2）良好的法律风险管理体系的存在表明企业具有良好的治理结构，可以吸引更多的战略投资者支持企业的长远发展。

（3）企业要面对的不仅仅是债权人及股东，还有消费者、供应商、社区居民、政府等，良好的法律风险管理体系可以为企业赢得公众信任，有利于企业发展。

（4）中国企业正在或已经进入全球市场，良好的法律风险管理可以有力地提升企业管理水平，增强竞争力，获得市场的认可。

二、企业法律风险识别

法律风险识别是在法律风险收集的基础上，通过查找企业各业务单元、各项重要经营活动、重要业务流程中存在的法律风险，进行描述、分类、分析归纳，最终形成企业的法律风险清单的过程。通过法律风险识别，可全面、系统和准确地描述企业法律风险的状况，为下一步的法律风险分析明确对象和范围。

（一）法律风险识别框架

为保证法律风险识别的全面性、准确性和系统性，企业要构建符合自身经营管理需求的法律风险识别框架，该框架提供若干识别法律风险的角度，包括但不限于图 21-1 所示的几个方面。

内容一 ▷ **根据企业主要的经营管理活动识别**

> 即通过对企业主要的经营管理活动（如生产活动、市场营销、物资采购、对外投资、人力资源管理、财务管理等）的梳理，发现每一项经营管理活动可能存在的法律风险

内容二 ▷ **根据企业组织机构设置识别**

> 即通过对企业各业务管理职能部门/岗位的业务管理范围和工作职责的梳理，发现各机构内可能存在的法律风险

内容三 ▷ **根据利益相关者识别**

> 即通过对企业的利益相关者（如股东、董事、监事、高级管理人员、一般员工、顾客、供应商、债权人、社区、政府等）的梳理，发现与每一利益相关者相关的法律风险

内容四 ▷ **根据引发法律风险的原因识别**

> 即通过对法律环境、违规、违约、侵权、怠于行使权利、行为不当等引发法律风险原因的识别，发现企业存在的法律风险

内容五 ▷ **根据法律风险事件发生后承担的责任梳理**

> 即通过对刑事、行政、民事等法律责任的梳理，发现不同责任下企业存在的法律风险

内容六 ▷ **根据法律领域识别**

> 即通过对不同的法律领域（如合同、知识产权、招投标、劳动用工、税务、诉讼仲裁等）的梳理，发现不同领域内存在的法律风险

内容七 ▷ **根据法律法规识别**

> 即通过对与企业相关的法律法规的梳理，发现不同法律法规中存在的法律风险

内容八 ▷ **根据以往发生的案例识别**

> 即通过对本企业或本企业所在行业发生的案例的梳理，发现企业存在的法律风险

图 21-1 法律风险识别框架

企业可以根据自身的不同需要，选择以上不同的角度或不同角度的组合，构建法律风险识别框架。

（二）"三位一体"法律风险识别的路径

所谓"三位一体"，是指对企业组织机构、业务流程、法律要素三方面进行法律风险识别，并且融合到一起，从而全面识别企业所存在的法律风险。由于企业所有经营管理活动都是由它的组织机构完成的，通过对不同组织机构职责和行为进行风险识别，可以发现企业各个组织机构的职责不清的问题。同时，要对业务的各个环节包括流转、审批、供应、回款、管理等方面进行识别，进而筛选出哪些是财务风险、哪些是法律风险。很多法律风险并不是来自简单的法律条文本身，而是来自企业千差万别的管理活动及外部立法、司法、执法方面的要素，也来自企业内部守法、用法、违法等行为，因此在进行法律风险识别时法律要素是不可忽视的地方。

1. 按照组织机构进行识别

组织机构包括纵向、横向、内部、外部组织机构。在组织机构中，最大问题就是职

责不清的问题。在进行组织机构识别时，应当注重部门职责本身和涉及的交叉部门，部门职责不清和部门职责交叉会蕴含法律风险；同时，还要关注外部因素，外部因素也是法律风险的源泉，包括监管机关（表现为违反监管机关的规定和有些监管机关的不作为）和外部投资者、供应商、消费者以及其他一些利益相关主体。

2.按照业务流程进行识别

不同行业企业业务流程是不一样的，但只要了解了企业业务流程，从采购、生产、销售这样的大流程到合同签订、交付单据、核实单据等小环节，一级一级进行细化，就可以清晰地识别法律风险了。按照流程进行法律风险识别的过程，主要存在两个问题，一个是流程不完备，另一个是完善的流程执行不当。通过流程搜集法律风险，还可以帮助企业从法律角度理顺企业管理流程，提出流程存在的问题以及改进的意见。

3.按照法律要素识别

由于法律风险不是来自法务人员、法务部门，可能更多的是来自若干业务部门等，要求这么多员工都知法、守法、用法是不现实的，也不是通过培训就能够解决的。这就要求通过法律要素识别，细化到具体部门、具体岗位的员工需要了解、运用、掌握哪些法律法规、规章制度等。

（三）法律风险识别的一般流程

法律风险识别的一般流程包括四个部分：收集、分析、整理、归纳，如图21-2所示。风险识别是所有风险管理最基础的工作，也是最重要的工作。在法律风险管理项目中，法律风险识别约占三分之一的工作量，大量工作被安排在风险排查过程中，能否把风险排查出来，是进行管理的根本前提。

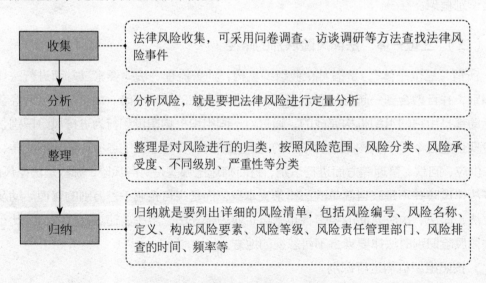

图 21-2　法律风险识别的一般流程

（四）法律风险识别的一般方法

法律风险识别方法比较多，没有固定的方法，一般包括访谈、集体讨论、情景分析、走访调研、事件树分析、专家咨询、问卷调查等。可以根据不同目标选择不同的方法，如图21-3所示。

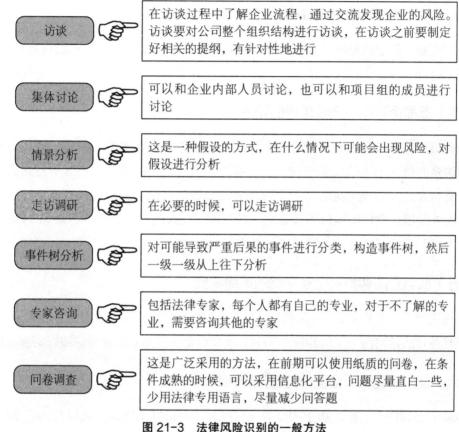

图21-3 法律风险识别的一般方法

三、完善法律风险防范体系

（一）完善法务系统，提升法务部门的作用

中国企业法务部门的工作重点往往是为企业提供交易和诉讼支持，无异于外聘律师事务所，缺乏战略管理职能，这不利于企业发展。企业法务人员应谋求作为高级管理队伍成员参与企业总体战略决策，参与管理预防性法律工作和相关合规事务，如公司治理、法规方面的合规事务以及企业行为规范等。聘请专业律师作为常年法律顾问指导企业法务建设（创业发展初期的中小型企业暂不具备单独设立法务机构的条件，建议外聘常年法律顾问为宜）。

（二）加大法务资本投入，加强法务人力资源建设

目前，企业对外投资时往往忽视相应的法务投入配合，导致投资项目面临巨大的法律风险，甚至项目失败。企业应在作出投资决策时相应加大法务建设，并做好预决算，在日常管理中应提升法务人员素质。

（三）制定法律风险管理战略

企业在制定商业战略时，应制定法律风险管理战略与之相配合，从而有效地实施商业计划。

（四）重视企业知识产权事务的管理

企业既要注意保障本企业的知识产权和相关商业秘密不被非法披露、使用、转让，还应预防企业侵犯他人的知识产权，避免卷入知识产权纠纷或不正当竞争行为的纠纷。另外，随着企业大力推进国际化、全球化的发展战略，企业还应重视商标的国际注册、专利的国外注册、软件的国外版权登记，并在国际化战略实施过程中，避免外国的竞争对手利用知识产权对企业采取壁垒遏制战术，同时避免侵犯外国企业的知识产权。

（五）加强立法调整对企业影响的前瞻研究

立法调整会对企业赖以生存的经济环境产生重大影响，甚至决定企业的命运。如果企业能够对立法倾向做一定的跟踪与研究，就会对企业投资、经营提供很好的参考作用。

（六）及时、优化、全面地处理法律纠纷

企业的经营行为，在本质上表现为谋利行为，在形式上则通过法律行为而实现，企业在经营中，因此而发生各种法律纠纷是难免的。法律纠纷解决不及时或者方法有误，将会扩大企业不必要的损失。对于潜在的法律纠纷，企业应当评估其显性化的可能以及将会对企业的影响，并做好方案准备，提前化解法律风险。对于已经产生的法律纠纷，企业应当评估其法律风险并决定采用非讼方法解决还是诉讼方法解决，是让步解决还是不让步解决。另外，法律纠纷的解决必须得到专业人员的支持，制订详细的方案和步骤，准备有关的法律文件。

四、高级管理人员法律风险防范

企业发展的核心就是它的管理体系和卓有成效的效能制度，而这一切的指导者和决策者就是该企业的高级管理人员。因此，对于高级管理人员来说，可从图 21-4 所示的

几个方面来正确地防范法律风险。

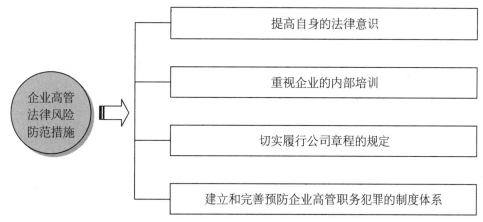

图 21-4　企业高管法律风险防范措施

（一）提高自身的法律意识

中国的法治建设是从改革开放后才开始逐步完善，因此企业高级管理人员法律意识普遍较低，在企业经营管理中也很难在法制的范围内、用法律的思维来作出判断和决策，对可能发生的法律风险普遍认识不足。

对于企业高级管理人员来说，其需要知道哪些问题、哪种情形下可能涉及法律问题并掌握与其有关的法律规定，应当懂得一些基本的法律概念、诉讼时效等相关法律知识，而这些概念往往又与企业经营和个人生活中的许多问题密切相关。因此，作为一名合格的企业高级管理人员，其不能忽视对相关法律概念等知识的学习。如果连一些基本的法律概念都不懂，企业高级管理人员又怎么能够在企业决策中把握好并运用自如呢？

（二）重视企业的内部培训

企业高级管理人员不仅要聘请专业的法务人员为企业提供适合企业领域的、全面的法律培训，而且要对企业的员工进行必要的法律培训。尤其是对于上市的公司，高级管理人员更必须受到全面的、专业的法律培训。

近几年来，有关企业高级管理人员不时出现各类刑事犯罪或经济犯罪等其他相关的法律风险的报道屡见不鲜。因此，企业高级管理人员应认真总结那些触犯法律的高级管理人员的经验和教训，时刻提醒自己，让警钟长鸣，让自己和其所服务的企业始终走在法律的轨道上。

越是成功的企业，越应当在自己的身边有意识地"引入"一些法律专业人士，作为常年法律顾问或专项法律顾问，随时倾听他们的专业意见，使企业的行为不至于违法、违规，确保企业始终走在合法合规的轨道上。

（三）切实履行公司章程的规定

企业高级管理人员要认真学习《公司法》及其配套法律法规，吃透公司章程的具体规定，对自己应尽的义务和责任要进行全面的学习和深入的了解；同时，在日常工作中，必须严格依照《公司法》、公司章程及各项法律法规的规定行事，切勿违法违规。

（四）建立和完善预防企业高级管理职务犯罪的制度体系

首先，进行体制机制改革创新，实现权力集中与分解的合理平衡，形成良性权力运行机制。

其次，建立重大事项报告制度和集体研究决定制度。任何单位或企业的重大事项都要向上一级组织和领导及时报告，自觉接受上级组织和领导的监督检查。

最后，建立公开透明制度。对企业高级管理人员的监督，最为有效的方式就是让其行为特别是权力运作的过程、结果在一定范围内进行公开，避免暗箱操作，接受公众的监督。

五、企业成立的法律风险防范

企业成立的标志是市场监督管理部门颁发营业执照。营业执照颁发，企业即成立。在现实中，大部分企业投资者仅仅重视企业设立的结果，不重视企业设立过程中存在的法律风险，从而导致企业不能如期成立或企业成立后出现大量纠纷。对此，投资者可从以下几个方面来防范企业成立的法律风险。

（一）关于企业组织形态的法律风险防范

不同类型的企业，其企业性质、地位、责任承担和法律风险不同。表 21-1 所示的是不同企业组织形态的对比。

表 21-1　不同企业组织形态的对比

企业类型	设立人数要求	税赋缴纳要求	法律责任
个人独资企业	一个自然人	只缴纳个人所得税	原则上以个人财产对企业债务承担无限责任
普通合伙企业	（1）有两个以上合伙人（2）合伙人为自然人的，应当具有完全民事行为能力	只缴纳个人所得税	以自己的财产或者家庭的财产对普通合伙企业债务承担无限连带责任

续表

企业类型	设立人数要求	税赋缴纳要求	法律责任
有限合伙企业	（1）二个以上五十个以下合伙人 （2）至少应当有一个普通合伙人	只缴纳个人所得税	（1）普通合伙人对合伙企业债务承担无限连带责任 （2）有限合伙人以其认缴的出资额为限对合伙企业债务承担责任
一人有限责任公司	只有一个自然人或者一个法人股东	缴纳个人所得税和企业所得税	股东不能证明公司财产独立于股东自己的财产的，应当对公司债务承担连带责任
有限责任公司	股东人数要求一人以上五十人以下	缴纳个人所得税和企业所得税	（1）股东以其认缴的出资额为限对公司承担责任 （2）公司以其全部财产对公司的债务承担无限责任
股份有限公司	有二人以上二百人以下为发起人，其中须有半数以上的发起人在中国境内有住所	缴纳个人所得税和企业所得税	（1）股东以其认购的股份为限对公司承担责任 （2）公司以其全部财产对公司的债务承担无限责任

因此，投资者拟设立企业时首先要对涉及企业类型的相关法律规定有一定了解，再结合出资人的出资目的、经营预期及管理能力等因素，选择适当的企业类型，避免因选择企业类型不适当而导致企业设立申请无法获批，造成企业设立成本增加。具体来说，在企业组织形态选择中的风险防范措施主要有图21-5所示的几种。

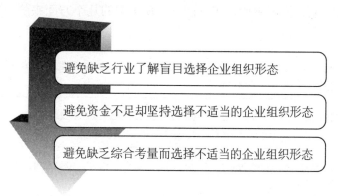

图21-5 组织形态选择的风险防范措施

1. 避免缺乏行业了解盲目选择企业组织形态

如果投资者违反法律法规的强制性规定，选择不适当的企业组织形态，可能导致企业设立申请无法获批，造成企业设立成本的增加。为此，投资者应对涉及企业组织形态的相关知识点进行深入了解，特别是对特定产业、行业领域的相关知识要做细致、全面的了解，以便在选择企业组织形态时，严格遵守法律法规政策，确保企业形式与法律法规政策相符合。

2. 避免资金不足却坚持选择不适当的企业组织形态

发起人在资金不足的情况下如果采取违法手段追求较高的组织形态，则面临需要发起人补足出资、缴纳罚款，以及承担虚假出资、虚报注册资本、抽逃出资的行政和刑事责任风险；同时，公司可能面临罚款、撤销登记或吊销营业执照的风险。因此，投资者应依照法律法规的规定履行出资义务，切忌拖延出资、虚假出资、虚报注册资本、抽逃出资等。可根据资金情况，用变通的形式暂缓开展业务，等资金条件成熟时再进行注册变更。

3. 避免缺乏综合考量而选择不适当的企业组织形态

如果对出资人责任大小、税负、企业组织正式化程度、存续期限、运营成本、股东对企业财产的控制权、股份权益转移自由度等因素缺乏综合考量，容易导致选择不适合企业组织经营发展和发起人利益的企业形态。因此，投资者应充分考量发起人的条件及资格，选择合适的企业组织形态；综合考量出资人的出资目的、经营预期和管理能力等因素，以选择适当的企业组织形态。

（二）关于企业出资的法律风险防范

出资是企业的资本来源，是投资者向企业投入的资本，是企业赖以生存的物质基础，是企业对外承担债务的前提，同时也是权益划分的依据来源。投资者应充分注意出资的法律风险并加以防范。具体来说，可从图 21-6 所示的几个方面来防范出资方面的法律风险。

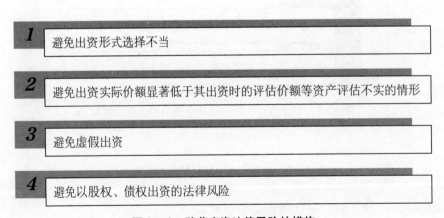

1 避免出资形式选择不当

2 避免出资实际价额显著低于其出资时的评估价额等资产评估不实的情形

3 避免虚假出资

4 避免以股权、债权出资的法律风险

图 21-6　防范出资法律风险的措施

1. 避免出资形式选择不当

企业类型不同，其出资方式要求及法律法规的规定也不同，如表 21-2 所示。

表 21-2　不同企业类型的出资方式

序号	企业类型	出资方式
1	普通合伙企业	合伙人可以用货币、实物、知识产权、土地使用权或者其他财产权利出资，也可以用劳务出资
2	有限合伙企业	有限合伙人可以用货币、实物、知识产权、土地使用权或者其他财产权利作价出资。有限合伙人不得以劳务出资
3	有限责任公司	（1）股东可以用货币出资，也可以用实物、知识产权、土地使用权等可以用货币估价并可以依法转让的非货币财产作价出资 （2）股东不能用劳务、信用、自然人姓名、商誉、特许经营权和设定担保的财产出资
4	股份有限公司	（1）发起人的出资方式要求与有限责任公司股东出资方式一致 （2）以募集设立方式设立股份有限公司的，发起人认购的股份不得少于公司股份总数的 35%

由表 21-2 可以看出，不同的企业类型其出资方式也不同。出资形式选择不当，将导致企业的设立申请不被受理和批准、出资协议无效、向其他债权人承担无限清偿责任或有限补充清偿责任的法律后果。投资者可在出资前对关于公司设立的法律规定进行全面的了解，或者借助专业机构的帮助，对出资资产进行严格的审核。现金出资要注意资金来源是否合法；外币出资的还要注意汇率折算；以房屋、土地使用权等非货币出资的，要注意及时办理产权转移手续。

2. 避免出资实际价额显著低于其出资时的评估价额等资产评估不实的情形

出资实际价额显著低于其出资时的评估价额，可能导致评估结果不被有关机关认可、延误企业设立或者最终使企业设立不能等法律风险。投资者可聘请有资质的机构进行评估；签署有效的作价认可协议。对于投资者而言，在资本认缴制度下，没有必要夸大注册资本，合理控制注册资本数额，减少股东因出资而对企业产生的负债。在确定注册资本数额时，要考虑企业发展的实际需要、企业未来为取得某项资质可能需要的注册资本，以及企业与投资者的税务筹划，既不可盲目求大，也不可过于贪小。

3. 避免虚假出资

虚假出资的法律后果是，虚假出资人要为自己的虚假行为向其他出资人承担违约赔偿责任、向公司承担补缴出资责任及赔偿责任、向公司债权人承担无限清偿责任或有限补充清偿责任等。因此，投资者应严格遵守验资制度，在公司成立后，要设立专门的账户保障公司资金的安全，并且严格监督资金的流向，防止股东抽逃资金；通过审计确定是否抽逃出资。审计由专业机构和专业人员进行，并由其签名和盖章；建立严格的公司内部管理制度。

4. 避免以股权、债权出资的法律风险

出资人单纯以其对第三人的债权出资、以对公司的债权出资、用限制的股权出资，容易导致出资无效、债权到期后无法实现、债权价值不合理估算等风险。

第一种情形，对于出资人以股权出资的，应确保以下事项：

（1）出资的股权由出资人合法持有并依法可以转让；

（2）出资的股权无权利瑕疵或者权利负担；

（3）出资人已履行关于股权转让的法定手续；

（4）出资的股权已依法进行了价值评估。

第二种情形，对于出资人以债权出资的，在法律没有明确规定前，应尽量避免用于新设立的公司。

第三种情形，对于出资人债转股增资的，确保债权应当符合下列情形之一：

（1）债权人已经履行债权对应的合同义务，且不违反法律、行政法规、国务院决定或者公司章程的禁止性规定；

（2）经人民法院生效裁判文书或者仲裁机构裁决确认；

（3）公司破产重整或者和解期间，列入经人民法院批准的重整计划或者裁定认可的和解协议。

此外，如有可能，要求第三人提供担保。

（三）关于法定代表人的法律风险防范

通常而言，法定代表人根据法律、法规和公司章程的规定，以企业名义所从事的行为，即视为企业行为，由企业承担相应法律后果。在某些特殊情况下，由于法定代表人的特殊身份和职责，在一定条件下，可能会就企业的行为承担相应的民事、行政或刑事责任，而这种情况往往是法定代表人违反法律、法规和公司章程规定而产生的。但无论是法定代表人本人还是企业均应对法定代表人的法律风险防范有所了解。

1. 避免法定代表人与法人或法人代表发生概念性混淆

法定代表人是指依据法律或法人章程规定代表法人行使职权的负责人。我国法律规定了单一的法定代表人制，一般认为法人的正职行政负责人为其唯一法定代表人。

企业法人是指具有民事权利能力和民事行为能力，依法独立享有民事权利和承担民事义务的企业本身。法人代表是指根据法人的内部规定，担任某一职务或由法定代表人指派代表法人对外依法行使民事权利、履行民事义务的人。作为民事权利主体的法人，其法人代表可以有多个，但均需法定代表人的授权而产生。

2. 避免轻易挂名法定代表人

在实践中，企业出于种种原因，有的股东或投资人并不愿意出任法定代表人，而是以他人的名义担任企业法定代表人。

对于企业，一旦挂名法定代表人与实际股东或投资人发生矛盾或争议，整个企业将处于难以控制的风险之中。由于只需签名即发生法律效力，该挂名法定代表人直接以企业名义对外举债或进行担保的后果，将全部由企业承担。

对于挂名者，如果实际控制人操纵企业时存在虚假或抽逃出资等行为，或者在诉讼过程中有隐匿、转移资产等违法行为，公司的法定代表人都要面临承担相应责任的法律后果。

因此，股东或投资人借助他人担任法定代表人必须慎重，个人也不要轻易担任他人企业的挂名法定代表人。

3. 避免法定代表人的越权代表行为

除法律有强制性规定或者第三人知道外，法定代表人以企业名义作出的代表人行为对企业具有法定约束力，企业必须承担该越权行为带来的不利风险及法律后果。因此，应强化企业财务负责人对法定代表人的制衡机制，保证财务负责人能事先制止法定代表人超越内部权力机制以企业名义作出的代表行为；实行企业印章分类管理机制，企业印章保管和使用分离，通过印章保管人对印章使用人的监督确保以企业名义作出的行为符合公司利益。

（四）关于企业注册的法律风险防范

在企业注册过程中，应注意以下几个容易被忽略但在现实中往往会引起纠纷或给投资者带来意料之外的法律风险的事项。

1. 避免注册地与经营地不一致

在实践中，企业出于经营成本或税收政策的考虑，企业注册地和实际经营地往往不一致，这也容易滋生法律风险，如容易出现债权债务履行地点不明确，遇到诉讼事项时，可能涉及管辖法院、法律文书送达等问题。对此，应变更工商登记，将企业注册地址变更为经营所在地；设立分公司，即在经营所在地以外设立分公司；如涉及税收优惠，流转税可以在经营地缴纳，也可以由总公司汇算清缴，所得税由总公司汇算清缴；注册地址应有文书信函联络人，签收文书信函能够及时转发至企业经营所在地。

2. 避免超经营范围经营

企业超经营范围经营，轻则面临罚款的行政处罚，重则将被吊销营业执照，失去经营资格，涉及合同的，也可能导致合同无效，无法得到法律保护。每个企业都需要根据其业务来确认其经营范围。确定企业的经营范围时有图21-7所示的几点事项需要注意。

3. 避免出现因企业设立不能而产生的各类债务及责任

由于企业资本没有筹足、未能达到我国法律规定的成立要件、发起人未按期召开设立大会、创立大会作出不设立公司的决议等各种原因，企业的设立申请没有被审核批准。在这种情况下，企业发起人要对企业设立行为所产生的债务和费用、应返还认股人的股款及同期利息、过失致企业利益损害等承担连带责任。发起人在签订设立协议的过程中，要尽量完善相关条款，提前做好各项防范。

在确定经营范围时，既要考虑目前的业务与经营活动，也要考虑近期有计划开展或从事的业务与经营活动

不仅要考虑实际从事的业务与经营活动，而且要考虑与该等实际业务与经营活动相关的或周边的业务与经营活动

关于业务经营范围的具体描述，市场监督管理部门有专门的规范用语，不能随意编写

图 21-7　确定企业经营范围的注意事项

六、企业治理的法律风险防范

企业的治理是一种指导和控制企业的体系，企业治理结构明确了企业的不同参与者之间的权利义务分配。投资者投资成立企业，目的是获取投资收益，就企业治理而言，应注意防范以下法律风险。

（一）关于企业设立协议和章程的制定

企业治理结构设计直接关系到企业成立后运营过程中各股东方权利与利益的平衡以及企业利益的维护，因此需要各投资者在企业设立之前，对企业治理结构予以足够关注，并在公司章程中予以确定，以防范其法律风险，其中最为重要的就是企业设立协议及公司章程。

1. 避免企业设立协议缺失

由于出资人之间缺少设立协议的约束，当出资活动出现与出资人预期相悖的情况时，纠纷和诉讼的可能性增加，而且各种不确定的法律风险将一直持续于股东之间。出资人应坚持签署书面的投资协议，并约定完备的投资协议内容；对于小股东而言，还应考虑监督和制衡的特别约定，如约定某股东对公司高管的提议权，由小股东举荐的人担任财务总监或董事会秘书，不但可以清楚企业各项运转情况，而且可以进行最直接有效的制衡。

2. 避免轻视公司章程

很多投资者认为公司章程就是注册公司时市场监督管理局要求提供的文件，很多公司章程简单照搬《公司法》的规定或者照搬其他企业的章程，导致章程可操作性弱，发生相关内部纠纷时，章程不能发挥作用。因此，企业应严格按照自身的需要设置公司章

程，尽量做到图 21-8 所示的几点。

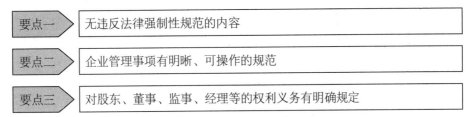

要点一	无违反法律强制性规范的内容
要点二	企业管理事项有明晰、可操作的规范
要点三	对股东、董事、监事、经理等的权利义务有明确规定

图 21-8　设立公司章程的要点

另外，小股东应利用公司章程确保自己的权益不被侵犯。

3. 避免设立协议与章程规定不一致

设立协议与章程规定不一致时，可能导致相关内容没有约束力。设立协议和章程各有不同的约束力。如只涉及当事人之间的问题，通过协议约束解决；只涉及企业事项，可通过章程来约束；既涉及当事人之间的问题，也与企业运行有关，最好是协议和章程都作规定。

特别提示

协议和章程对于同一问题规定的侧重点可以有所区别，协议可对违约救济作出明确的规定，而章程可侧重于操作程序。

---

4. 避免随意修改企业章程

修改企业章程应严格依照法定要求执行，具体要求如图 21-9 所示。

要求一	提出章程修改草案
要求二	股东会对拟修改条款进行表决
要求三	拟修改内容涉及需要审批事项的，报政府主管机关批准
要求四	拟修改内容涉及需要登记事项的，报企业登记机关核准；未涉及登记事项的，送企业登记机关备案
要求五	拟修改内容需要公告的，依法公告

图 21-9　修改企业章程的要求

对于控股股东或大股东而言，修改企业章程具有绝对的优势，没有必要因为程序不合法而导致新修改的章程无效或被撤销。

（二）关于股东（大）会、董事会及监事会的设置

企业治理结构是指所有者、经营者和监督者之间通过股东大会（权力机关）、董事会（决策和执行机关）、监事会（监督机关）形成的权责明确、相互制约、协调运转和科学决策的体系。目前，治理结构没有一个优良的标准，在公司法的背景下，应注意防范下列法律风险：

1. 避免股东会、董事会僵局

比如，股权设置畸形、企业章程中设置了过高的表决比例要求，导致股东会无法形成决议，从而形成股东会僵局，最终导致企业无法正常运转。

应充分利用企业章程，设立避免股东会或董事会僵局的机制以及出现僵局后的解决机制。

2. 避免会议召开瑕疵

由于会议通知方式、程序、内容不当或出席人数比例不当等，会议召开不能或无效，股东的权益可能受到损害。企业应充分发挥章程的"自治"作用，在章程里规定会议通知的主体、方式、内容等；为了确保会议的决策符合大多数股东的利益，同时防止因人数不足而导致会议无法召开或者若干会议同时召开等情况的发生，应在章程中规定会议最低出席人数以及人数不足时的补救方法。

3. 避免会议决议瑕疵

无法形成决议、形成决议的程序不合法、决议形式不合法等可能导致决议无效、不成立或被撤销。股东会企业章程应详细规定表决时间、表决方式、表决标准（按人还是按资）、未按规定表决的法律后果等。此外，对于在瑕疵出现后如何补救的问题应有所了解。例如，通知程序存在瑕疵，可通过事后取得该部分股东的同意予以补救；会议召集程序存在瑕疵，可因全体应到会成员出席而予以补救；通过章程的法定修改方式弥补之前决议违反章程的瑕疵等。

4. 避免股东权益受损

比如，控股股东利用控股地位，滥用权力，藐视中小股东，损害小股东利益，或以自己的意志取代公司的意志，拒绝为中小股东分配利润，导致公司陷入僵局或被小股东诉请司法解散。股东应充分利用章程"自治"原则，如规定当控股股东侵害公司利益时，赋予任一股东直接代为提起赔偿之诉的权利，或赋予异议股东回购请求权等。

5. 避免董事履行职务瑕疵

董事违反忠实义务，利用职务上的优势和信息获取经济上的优势或其他优势地位，为自身谋利，损害其他股东或公司利益，这是一种违法行为，容易引起其他股东猜忌从而影响公司发展。企业应对董事的此种行为采取事先和事后两种救济方式：一是在违法行为发生前行使阻却请求权；二是行为发生后要求公司对董事提起诉讼或股东直接提起

诉讼，请求赔偿公司损失。

6.避免监事会无法履行监督职能

监事会成员达不到法定人数或董事、高级管理人员兼任监事，使监事会决议归于无效。建议严格筛查拟任职人员，确保符合条件的人员被纳入监事会。

七、企业税务风险防范

企业想要实现自身可持续发展，必然要加强财务管理，将税务风险的识别、分析和防范作为财务管理中的重要内容，企业管理者应当高度重视这方面的工作。企业税务风险防范措施如图 21-10 所示。

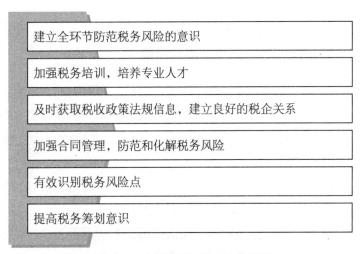

建立全环节防范税务风险的意识

加强税务培训，培养专业人才

及时获取税收政策法规信息，建立良好的税企关系

加强合同管理，防范和化解税务风险

有效识别税务风险点

提高税务筹划意识

图 21-10　企业税务风险防范措施

（一）建立全环节防范税务风险的意识

企业的采购环节、运营环节、销售环节等环节都可能包括资金运作的投资、筹资、融资等活动，都会产生税务风险，因此企业管理者应当高度重视税务风险并应具备一定的财务税收知识，倡导企业全体员工树立风险防范的意识，加强各个部门之间的协作，防范和控制税务风险。

另外，企业的监管层（如监察审计部门）应当定期对企业的业务流程和账务进行监督审查。

（二）加强税务培训，培养专业人才

对于规模较大的企业，应当设立专职税务岗位；对于规模一般的企业，也应当培养具备税务专业知识的人员。税务筹划虽然只是财务管理的一个方面，但与普通的财务管理工作不同，需要财务人员加强自我学习。首先，全体财务人员应定期参加税务培训，并定期对学习成果进行考核；其次，财务人员也应当加强与相关部门的沟通和交流，获得部门间的理解和支持，在业务流程的每个环节控制税收风险点；最后，有必要时，企业应当寻求税务师事务所团队的帮助，聘请税务顾问或税务代理，对企业的涉税事项进行咨询和要求提供合理的建议。

（三）及时获取税收政策法规信息，建立良好的税企关系

一方面，企业财务人员应当及时关注国家税务总局的网站和当地税务机关网站，了解最新的税收政策法规，并分析政策法规的变化对企业经营和税收的影响；另一方面，企业财务人员应当与当地税务机关建立良好的税务关系，对于不理解的税收事项及时与专管员沟通。

（四）加强合同管理，防范和化解税务风险

首先，企业应当规范合同业务流程，保证合同条款清晰明朗，不存在歧义，并让财务人员审核与财务相关的合同条款，及时发现合同中存在的税收隐患。在实务中，不同的合同签订方案将影响税收的大小，企业财务人员应尽可能评估不同方案的税务风险和税收金额，争取企业利益最大化。

其次，企业财务人员在付款和进行账务处理时，务必要查看合同，依据合同付款和开具发票，制作合同台账，随时掌握合同的资金支付状况。

最后，签订合同的时候尽量按税种的性质分类，不能混淆。

比如，企业签订软件销售合同时包含了软件维护服务，如果企业签订总金额，则应当按照合同总金额的13%缴纳增值税；如果在合同中分软件销售金额和软件维护服务金额，则销售软件按照13%缴纳增值税，软件维护服务按照6%缴纳增值税。

（五）有效识别税务风险点

财务人员及业务部门应当根据企业发生的业务，逐一排查可能出现的税务风险点，具体包括以下内容。

（1）定期检查账务，查看是否存在账务错误引起的税收错报漏报；是否存在应纳税而未纳税的情形；对公司往来款项定期清理，对长期挂账而不用支付的往来款项应确认为收入。

（2）定期检查合同，确认印花税是否缴纳；复核已支付的款项是否与合同条款相符。

（3）定期检查员工的工资构成，查看是否存在未上税的职工薪酬，如是否存在单独发给职工的奖金未和工资合并纳税的情形等。

（4）定期检查增值税销项税额和进项税额，查看抵扣联是否在规定时间内认证。

（5）合理设计费用类明细科目，以便于企业所得税汇算清缴的梳理，对企业发生的业务招待费、广告宣传费等限额扣除项目应提前筹划，合理预算。

（六）提高税务筹划意识

企业管理者应培养税务筹划意识，及时关注并组织学习新的税收政策，对公司当前的业务和可能发生的业务分税种进行税务筹划。

比如，增值税的税务筹划需要从整体的业务流程来考虑，从税收成本的角度考虑企业是当一般纳税人还是小规模纳税人，如果企业选择为一般纳税人，在确定供应商的时候应保证整个抵扣链条完整。

八、企业劳动关系法律风险防范

随着《劳动合同法》等一系列与劳动用工相关的法律法规的出台和实施，劳动用工关系向法治化、规范化的轨道发展，与此同时对企业劳动用工方面提出了更高的要求，企业劳动用工中所面临的法律风险因素也大幅增加。因此，企业管理者必须进一步增强劳动用工的法律风险防范意识，在劳动用工管理中做到规范化。具体措施如图21-11所示。

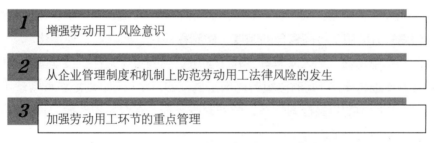

1 增强劳动用工风险意识

2 从企业管理制度和机制上防范劳动用工法律风险的发生

3 加强劳动用工环节的重点管理

图21-11　企业劳动关系法律风险防范措施

（一）增强劳动用工风险意识

由于企业劳动用工法律环境的变化，企业管理者在劳动用工中必须增强劳动用工的风险意识，只有增强风险意识，才能在企业管理制度、管理行为等层面上真正地实现相关风险的规避和化解。

事实上，企业劳动用工的法律风险存在于劳动用工管理的全过程和各环节，新进员工、在岗员工、离职员工、工资管理、劳动安全管理、社保福利管理、企业规章制度等都是劳动用工法律风险比较高发的源头。

因此，企业管理者应认真梳理劳动用工各环节中的具体法律风险，明确双方的责任义务关系，加强相关法律法规知识的学习，正确地分析法律风险产生的原因。这样才能有针对性地采取措施降低风险以及给企业带来的损失和危害。

（二）从企业管理制度和机制上防范劳动用工法律风险的发生

制度和机制是有效地防范劳动用工法律风险的手段和工具，为此企业需要全面地加强劳动用工规章制度和机制方面的建设，基于相关法律法规和企业劳动用工的实际情况，构建健全而完备的劳动规章制度体系，有效地规范企业的各项劳动用工行为，使劳动用工各方面的工作都有规章可依。

企业管理者要重视对新进员工的岗前培训，切实履行各项告知义务，定期对员工进行制度培训，组织员工学习。同时，注重对劳动用工相关档案的自查自纠工作，核查本单位劳动用工合同的签订、变更、履行情况，对于出现的问题及时采取措施予以补救，将可能发生的劳动用工风险降到最低，完善劳动用工关系的相关协调沟通机制，尊重员工在企业管理中的知情权、参与权和监督权，拓宽和丰富员工参与企业管理的渠道、形式。

（三）加强劳动用工环节的重点管理

劳动用工合同、新员工入职等是劳动用工管理的重点环节，也是劳动用工法律风险的多发环节，因此要强化对这些重点环节的管理，防范相关风险的发生。劳动用工合同的签订要遵循公平、公正、诚信、协商一致的原则，注意相关合同条款的有效性、合法性，健全和完善劳动用工合同管理的制度，做到程序化、标准化、规范化。

同时，严格新进员工的入职管理，对于新进员工的身体条件、技能素质、任职资格等做好严格的审查与核实，同时注重劳动用工过程的日常管理，规范各种劳动用工关系，完善劳动用工过程中的相关档案管理，做到有账可查，有资料和数据记录，从而为可能的相关劳动纠纷提供举证。

九、合同管理的法律风险防范

企业间的经济往来，主要是通过合同进行的。一份好的合同，可以有效预防和避免纠纷的产生；而一份有缺陷的合同则会留下隐患，产生纠纷和败诉的后果，给一方或双方造成严重的经济损失。

（一）合同主体的风险防范

合同主体的风险防范如表21-3所示。

表 21-3 合同主体的风险防范

风险点	风险识别	影响评价	防范措施
主体资质瑕疵	（1）营业执照、组织机构代码证、税务登记证超过有效期、未经年检等 （2）是否取得生产许可证、特殊产品经营许可证等资质文件	（1）存在签订合同的主体不具备相应民事行为能力的可能，导致合同效力存在瑕疵 （2）超过特许经营或限制经营的，可能导致合同无效，带来签约风险	针对此类风险，企业应加强事前监督审核： （1）与法人签订合同，要求对方提供法定代表人身份证明、营业执照（须加盖单位红章）、经营许可证、资质等级等资质文件的原件（同时要在相关市场监督管理局的企业信息查询网站进行查询） （2）与自然人签订合同，要求提供身份证，无身份证的提供户口本，将基本情况在合同中列明 （3）签订重大合同的，到市场监督管理部门查询签约对方主体资格、提供资料的真实性，必要时应要求提供资产负债表、利润表等证明其履约能力的有关文件，并进行事前考察调研 （4）不得与公司的职能部门签订合同，与分公司签订合同时应要求对方提供营业执照及相应的书面授权文件
超越经营范围	（1）合同标的不在对方经营范围之内 （2）不具备相应的有效资格、特许经营许可证等	当事人超越经营范围订立合同，人民法院不因此认定合同无效，但若违反国家限制经营、特许经营以及法律、行政法规禁止经营规定的则合同无效	在与对方商谈合作项目前，详细了解对方的经营范围，要求对方提供营业执照副本，在市场监督管理局的企业信息查询网站查询、核实其经营范围。如果对方在合作项目中的行为，超出其工商登记核准的经营范围，则对方的行为是违法的，应引起高度重视，必要时可向法律专业人士咨询
代理行为存在瑕疵	（1）与无民事行为能力人签订合同 （2）法定代表人签字不真实，存在代签行为 （3）无授权委托书（如未取得授权的分公司及项目部对外签订合同） （4）委托代理人持有的授权书不真实、不具备代理权限、超过有效期等 （5）对额度巨大的合同或者其他事项需公司董事会或股东会决议的，未取得相应的决议文件	（1）根据《民法典》的有关规定，无民事行为能力人实施的行为无效 （2）行为人没有代理权、超越代理权或者代理权终止后以被代理人名义订立的合同，未经被代理人追认，对被代理人不发生效力，由行为人承担责任	委托代理人签订合同的，要求对方出具法定代表人签署的授权委托书（重点审查授权范围、授权期限及授权书的真实性）、代理人的身份证明等

风险点	风险识别	影响评价	防范措施
履约能力不足	（1）注册资本低于合同标的额 （2）实际生产能力明显不能满足合同要求 （3）资产负债率高 （4）曾有违约行为，商业信誉不高	对方违约风险增加，影响合同的顺利履行	加强对合同对方履约能力的考察及监督： （1）建立供应商履约数据库 （2）重点调研其生产能力、近期经营业绩和商业信誉（可登录全国法院被执行人信息查询系统查看） （3）对重大合同对方的资产负债情况进行动态监督 （4）根据各供应商的履约情况，对出现多次违约的供应商和履约情况较好的供应商进行动态管理

（二）合同签订的风险防范

合同签订的风险防范措施如表 21-4 所示。

表 21-4　合同签订的风险防范

风险点	风险识别	影响评价	防范措施
合同效力	合同违反法律、法规的强制性规定	合同无效	（1）制定、完善合同管理办法，完善审核流程及合同备案抽查制度 （2）推行并完善合同示范文本，对原则上不得修改的条款进行明确，并对各使用单位在起草具体合同时应注意的问题进行说明
	合同约定的免责条款包含免除本方主要义务、排除对方主要权利的内容	免责条款无效	
	合同存在可撤销、可变更的情形，如合同存在显失公平条款	当事人一方有权请求法院或者仲裁机构变更或者撤销	
合同形式	合同形式不符合法律规定	难以主张合同关系的存在	签订合同最好采用合同书的形式，特殊情况下可以使用传真件
合同内容	语言表述不规范，文字、标点错误，上下文内容不一致	导致合同各方权利义务约定不明确，在合同是否成立、是否生效等问题上存在争议，引发纠纷或诉讼	（1）合同内容要用词准确，表述清楚，避免歧义表述及文字、标点错误 （2）对于合同附件与正文针对同一问题作出规定的，需要前后对应，避免正文与附件对同一问题作出相互矛盾或不一致的约定

风险点	风险识别	影响评价	防范措施
合同签章	（1）合同约定双方签字并盖章生效，仅签字或仅盖章，存在生效瑕疵 （2）加盖行政章或合同专用章之外的其他专用章，如财务专用章、部门章 （3）在空白合同中加盖合同专用章 （4）合同印章是伪造或者变造的	缺少签章或者签章错误将可能导致合同不生效；若企业已履行部分合同义务，则面临对方拒绝履行合同义务而给企业造成较大经济损失的风险	（1）合同管理人员应加强防范印章使用风险，在合同启动及审核流程中注意使用印章的合法性和有效性 （2）加强企业印章管理，严禁在空白合同中加盖企业公章或合同专用章 （3）相关部门应对印章的使用、鉴定进行严格把关，防止对方利用伪造、变造的印章进行违法活动，侵害企业合法权益 （4）对多页合同应当加盖骑缝章，防止出现盖章不规范
合同变更	在对合同条款进行修改或变更时，未签署补充协议，在合同文本中手写修改，却未加盖双方印章	修改或变更的内容不生效，对双方不具有约束力	（1）对合同文本进行修改、变更的，应达成书面补充协议 （2）严禁在合同中进行手写修改，确实需要时，应在修改处加盖双方印章加以确认

（三）合同条款的风险防范

合同条款的风险防范措施如表21-5所示。

表21-5　合同条款的风险防范

风险点	风险识别	影响评价	防范措施
合同标的条款	标的物名称、品牌、规格、型号、商标、生产厂家等约定不明确或未进行约定	对标的物没有约定或约定不明，可能导致合同无法履行或合同不成立	（1）明确约定标的物的名称、品牌、规格、型号、商标、生产厂家等信息 （2）合同标的物名称、生产厂家等应使用标准全称
数量和质量条款	（1）未约定标的物数量或约定不明 （2）未约定计量单位或约定不明 （3）未约定质量标准条款或约定不明 （4）未约定质保期或质保期起算时间约定不明 （5）未明确约定提出质量异议的期限和方式	（1）对标的物数量没有约定或约定不明，可能导致合同无法履行或合同不成立 （2）质量要求不明确的，按照国家标准、行业标准履行；没有国家标准、行业标准的，按照通常标准或者符合合同目的的特定标准履行	（1）明确约定数量和计量方法 （2）合同中应有标的物瑕疵担保条款 （3）明确标的物执行的质量标准，严禁采用模糊术语，适用国家或行业标准的，需要明确该标准名称 （4）质保期约定要具体明确，留存合同总金额5%以上的质保金 （5）质量异议的期限明确具体，应约定检验不合格的处理方法

续表

风险点	风险识别	影响评价	防范措施
验收条款	无质量验收条款或约定不明	导致货物未验收或者无法验收，货物接收后发生质量问题时，对方以买方已确认收货为由拒绝承担赔偿责任	（1）明确合同标的物质量、数量、外观等方面的验收标准 （2）检验时间明确具体 （3）针对不同货物的特性及技术要求对验收方法进行明确具体的约定，保证条款具备可操作性
价款条款	（1）数字或货币单位出现错误，大小写不一致 （2）上下文对价款的约定不一致 （3）未约定使用的币种（特别是涉外合同） （4）支付方式不合理：作为买方时，支付的预付款比例过高，发货前付清全款、未留存质保金等	（1）由于各个币种之间汇率的不断变化，适用不同币种将造成不同的成本及利润 （2）作为买方时，过早支付价款难以对合同对方全面按时履行合同义务形成有效制约，对方违约的风险增加 （3）价款或者报酬不明确的，按照订立合同时履行地的市场价格履行；依法应当执行政府定价或者政府指导价的，按照规定履行	（1）采用大小写进行书写，保持一致 （2）在合同价款条款中明确适用的货币 （3）对于付款方式要明确约定如何付款、何时付款，支付条件具备可执行性和操作性
履行条款	（1）合同履行期限约定不明确、不具体 （2）履行地点表述模糊，不能明确具体的履行地 （3）履行方式约定不明	由于履行期限、地点及履行方式约定不明确，在追究对方违约责任时没有相应证据或标准证明其未全面履行合同	（1）将合同的履行期限具体到月日，或者具体为某一期间 （2）明确向谁交货、以何种方式交货、何时交货、何地交货 （3）如有运输的，应明确运输方式（运输的方式是铁路、公路、海运还是多式联运，明确送货、自行提货、委托提货还是代为运输）；明确运输费用承担、风险承担等条款
权利义务条款	合同权利义务条款不对等，过于偏重一方的责任；未对明显限制对方权利的条款进行特别标注	合同可能存在显示公平的情形，合同双方可向法院提出撤销该合同	在维护自身利益不受侵害的同时，合理约定双方的权利义务，避免导致合同显失公平
包装条款	未约定包装条款及费用承担	由于包装方式不当而造成合同标的物毁损、灭失时，责任承担主体不确定，从而难以要求合同对方承担违约责任	根据有无特殊要求明确约定包装要求

风险点	风险识别	影响评价	防范措施
风险承担条款	未约定风险承担的转移时间及承担范围	除法律另有规定或者当事人另有约定外，标的物毁损、灭失的风险，在标的物交付之前由出卖人承担，交付之后由买受人承担	从最大限度维护自身利益出发，与合同另一方约定风险承担内容
违约责任条款	（1）未根据主要合同义务来确定违约责任，仅作出概括性表述，缺乏可操作性 （2）部分义务缺乏对应的违约责任 （3）违约金约定过高 （4）未设定解除合同的权利	（1）违约责任数额难以计算且举证困难 （2）约定的违约金过分高于造成的损失的，当事人可以请求人民法院或者仲裁机构予以适当减少 （3）当对方当事人违反合同义务达到一定程度，继续履行合同已经失去意义，若没有约定解除合同的权利，则解除合同时可能需付出较大的代价	（1）明确各项义务对应的违约责任 （2）注意违约金的数额约定不宜过高 （3）明确约定对方违约达到一定程度时己方的单方解除权
解决争议方法条款	未明确约定或约定无效，如管辖法院的选择或仲裁机构的确定不符合法律规定	仲裁协议对仲裁事项没有约定或者约定不明确的，当事人可以补充协议；达不成补充协议的，仲裁协议无效	（1）诉讼和仲裁只能选择其一 （2）选择诉讼则需根据法律规定选择管辖地（合同签订地、被告所在地、原告所在地、合同履行地、标的物所在地），一般应选择己方所在地法院 （3）选择仲裁则应写明具体的、实际存在的仲裁机构名称
合同生效条款	缺乏合同生效条款或合同生效条款约定不明	合同的生效时间存在疑问，从而对双方不产生完全的法律约束力	（1）合同生效条款要准确，如存在附条件或附期限生效的情形，应对该条件或期限进行明确约定 （2）签字与盖章共同作为合同生效条件的，应表述为：本合同自双方签字并盖章之日起生效
合同文件的解释条款	（1）存在两种语言文字时未约定优先顺序 （2）存在多个补充协议或附件时未约定解释顺序	因不同的语言文字对同一问题的解释不同或不同文件对同一问题的约定不一致，从而发生合同履行分歧	（1）明确约定不同语言文字的优先效力 （2）明确约定合同文本的解释顺序 （3）明确约定在补充协议或附件与合同正文发生冲突时适用的文本
适用法律条款	涉外合同中未明确选择适用的法律	可能使合同的生效、履行、争议解决等事项全部处于不可知、不可预测状态，无法实现合同目的	应明确约定适用的法律，尽量选择对己方有利的熟悉的法律

十、知识产权法律风险防范

不管是大企业还是小企业，不管是上市公司还是初创公司，都应重视知识产权，并采取有效的措施保护自己的知识产权，防范其他法律风险。

（一）企业侵犯专利权的法律风险及防范

此类风险的发生主要集中在高新技术企业、生产型企业等，该类企业在进行产品研发和生产过程中通常都会涉及专利权的运用。如事先没有经过相关的专利检索等，企业所研发的新技术或新产品容易落入他人在先专利权的保护范围而导致侵犯他人专利权的法律风险。

较为常见的专利权如外观设计专利权，例如市场上一些流行的产品，其包装或造型比较新颖、美观，深受消费者的欢迎和喜爱，最先生产该产品的企业极有可能对该产品的包装、造型等申请并取得了外观设计专利权，其他企业如果未经专利权人许可擅自生产与该产品包装、造型相同或近似的产品的，即可能构成对他人专利权的侵害。

对于此类法律风险的防范措施如图 21-12 所示。

要求企业的相关研发人员对本行业领域内的技术的发展现状和动向要有一定的了解和掌握，不能为完成研发任务而偷懒，妄图通过搭便车的方式实现弯道超车

企业内部应当建立严格的知识产权管理体系，配备专门的工作人员或委托第三方专业机构在研发新技术、新产品前对相应的技术进行专利检索、查新，对新研发成功的技术和产品外包装、造型等要及时申请专利权

图 21-12　侵犯专利权的法律风险防范措施

一旦发生涉嫌侵犯他人专利权的事件时，应当及时评估是否构成侵权，即初步判断所使用的技术方案是否落入他人专利权的保护范围。如构成侵权可能性较大时，可及时停止实施相关涉嫌侵权的行为，并积极准备、收集相关材料做好应诉准备。如判断不构成侵权，也应当积极准备和收集有利于己方的相关材料积极应诉或主动提出确认不侵权的诉讼。

> **特别提示**
>
> 专利权的侵权人除可能面临行政机关的行政处罚和权利人主张的民事赔偿责任外，情节严重的甚至需要承担刑事责任。

（二）企业侵犯商标权的法律风险及防范

商标是企业在经营过程中经常会运用到的一种知识产权，也是与企业的商誉等结合最紧密的无形资产之一。常见的企业侵犯他人注册商标的行为主要是一些企业商标法律意识不强，其为了更好地促进自己产品或服务的销售而在相同或者近似的产品或服务中使用与他人相同或近似的商标。针对侵犯他人商标专用权的行为，我国法律规定，权利人可以通过图21-13所示的三种方式进行维权。

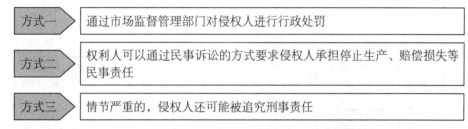

方式一　通过市场监督管理部门对侵权人进行行政处罚

方式二　权利人可以通过民事诉讼的方式要求侵权人承担停止生产、赔偿损失等民事责任

方式三　情节严重的，侵权人还可能被追究刑事责任

图21-13　权利人对侵犯他人商标专用权的维权方式

企业要防范侵犯他人商标专用权的风险，应当提高品牌意识，注重打造和推出自己的商标，并及时对自己使用的商标申请注册，避免因未获授权而擅自使用，或者因未及时注册而被他人抢注成功后，反被他人主张侵权。如确要使用他人商标的，应取得他人许可后方可使用。企业收到他人关于侵犯商标权的主张时，应及时对他人持有的注册商标与企业所使用的商标从以下几个方面进行分析和判断：

（1）二者谁先使用，对方是否存在恶意抢注的情况；

（2）二者是否相同或近似；

（3）二者所使用的类别是否相同或近似；

（4）如果二者所使用的类别既不相同也不近似，则他人所持有的商标是否为驰名商标，驰名商标在我国享有跨类保护的特殊待遇等。

在对上述几个方面进行初步分析和判断后，结合分析和判断的结果，企业应积极收集和整理相关证据材料，制订相应的应对方案。

（三）企业侵犯著作权的法律风险及防范

近年来，随着互联网的发展和普及，越来越多的企业在互联网网页、微信公众号等自媒体上为自己做广告宣传，在此过程中通常会使用到图片、文字（字体）、视频等，然而前述的图片、文字（字体）、视频都可以构成我国著作权法所保护的对象——作品。需要强调的是，前述的"图片"除照片等摄影作品外，一些动漫人物形象、动画场景等也可以通过版权进行保护。企业在相关的广告中使用到他人拥有著作权的图片、文字（字体）、视频等都将可能导致侵权风险。

一旦发生著作权侵权的事件，侵权企业除了需承担相应的民事责任，如赔偿损失、停止侵权，往往权利人还会要求侵权人在相关媒体上刊登赔礼道歉的公告等，此举将会对侵权企业造成诸多不利影响，对一些大型企业的社会形象影响尤甚。此类侵权行为所对应的相应的行政处罚、刑事责任等，在符合相关条件的情况下，也有可能会被追究。

为避免企业出现侵犯他人著作权的情况，企业可以从图 21-14 所示的几个方面进行防范。

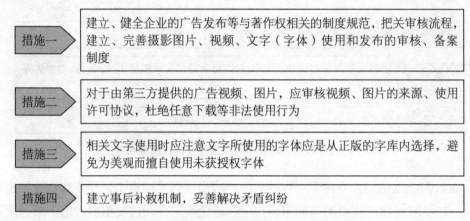

措施一	建立、健全企业的广告发布等与著作权相关的制度规范，把关审核流程，建立、完善摄影图片、视频、文字（字体）使用和发布的审核、备案制度
措施二	对于由第三方提供的广告视频、图片，应审核视频、图片的来源、使用许可协议，杜绝任意下载等非法使用行为
措施三	相关文字使用时应注意文字所使用的字体应是从正版的字库内选择，避免为美观而擅自使用未获授权字体
措施四	建立事后补救机制，妥善解决矛盾纠纷

图 21-14 避免企业出现侵犯他人著作权的措施

因著作权问题而引起的法律争议发生后，应及时积极主动与权利人沟通，并在初步查明侵权事实后以和解的方式了结争议；对已经形成的诉讼，积极配合法院进行调解，及时化解矛盾纠纷。

十一、招投标法律风险防范

由于招投标过程中外部环境的变化、项目本身的复杂性和人们对于多种社会条件控制能力有限，招投标风险的发生具有多样性和不确定性。因此，有关招投标参与方须做好充分的防范，对不同情况的风险进行认真分析，提出合理风险防范和应对措施，从而有效地减轻、转移或回避风险。

（一）树立和增强法律意识

承包方管理人员不仅要具备较高的项目工程技术和丰富的实践经验，还应树立法治观念，增强法律意识，做到依法经营。承包方作为投标人在准备投标时，可聘请专业人员进行指导，收集对己方有利的证据，如果发现招标人、评标委员会、其他投标人有侵犯自己合法权益的行为，应及时向相应主管部门进行反映、投诉，保护企业在投标过程中的公正合法权益。

（二）做好投标前项目的审查工作

招投标的前期准备工作，不容忽视。承包方在对项目进行投标前一定要对业主方的基本情况和项目本身的现场情况进行客观、全面、细致的了解。

1. 对业主方审查

对业主方主要审查内容包括：是否具备相应的经营资格和等级证书；是否依法取得企业法人营业执照和税务等级；是否在规定的年检期间；资金是否运行良好；手续是否完善；项目资金是否已经到位；履约信用能力是否良好等。

2. 对项目审查

对项目本身进行现场勘查，主要审查内容包括：招投标文件所提供的相关图纸是否与现场吻合；所描述或说明的情况是否和现场一致；所提供的设计方案是否能确定实施；是否有遗漏项目现场应当实施的相关环节等。

审查完毕后，应当由市场部、工程部等相关部门对项目条件进行初步评估，包括业主方的要求情况、施工难度等，然后报公司各个部门审批，指出可能存在的风险及防范的措施，并且对招投标过程中存在的文件全部予以留存，把招投标前的准备工作做细、做实。

（三）高度重视投标活动

承包方应认真研究工程量清单等招标文件，确定总体工程量，得出总体支出情况，并通过保证质量、综合调整、合理计价的方式，最终定好投标价。要意识到低报价并非决定中标的唯一渠道，应注重工程质量。因为一旦工程出现质量问题，不但会损坏业主方的声誉，更会影响承包方的形象和声誉，还会受到有关部门的处罚，项目的直接责任人员和上级主管人员则有可能承担刑事责任。

（四）注重中标后的磋商，做好合同评审把关工作

承包方中标后，双方会就投标文件的内容展开磋商，要尽量对工程项目的名称、地址、工程内容、技术要求、施工方案、工程质量要求、工程工期、安全防护措施、双方权利义务、付款方式、违约责任、工程竣工结算、解决争议方式等内容加以明确，真实、清楚地以书面形式进行表述，避免使用容易引起歧义的字句书写投标文件。

签订合同时，应当审查项目总承包合同内容是否与中标文件内容一致，把好合同评审关，监督合同及时进行备案。应当遵照国家法律签订合同，保证条款的齐全、内容的完整，尽量减少苛刻的、单方面的约束性条款。要对专用条款中与项目相关的一些具体要求和内容加以明确约定，尤其是要约定违约责任的限度，以防止风险的扩大化。

（五）合同签订后，加强内部监督和审查，做好履约过程中的风险控制

合同签订后，在开工前，项目管理人员须对合同进行全面、细致的分析，熟悉双方权利义务，预测合同管理过程中存在的潜在风险，并制定有效的管理对策。

在施工过程中，要严格按照合同进行施工，强化施工现场管理，加强对材料商、分包商的管理，加强印章管理、内部审计管理，防止因误工误期、质量问题等带来风险。

对于业主方原因导致承包方延误工期或受到合同价款意外损失的情况，应注意收集好工程照片、施工日志、会议纪要、设计变更、指令或通知等索赔资料，及时提出索赔，并保证索赔的法律效力。

十二、安全生产法律风险防范

企业在安全生产过程中，往往会因责任主体落实不到位、遵法意识淡薄、安全检查不到位、生产保障不完善、应急处置不及时等而导致一些法律风险和安全隐患。因此，应加强企业遵法守法意识，防范法律风险，提高安全生产能力。

（一）企业安全生产事故管理的法律风险防范措施

安全生产事故产生的直接原因有以下三种。

一是人的不安全行为。这主要包括违章操作、违章指挥或者操作错误、用手代替工具、人为造成安全装置失效、冒险进入危险场所或者站位不当、机器运转时操作、忽视正确使用防护用品用具、戴手套操作旋转设备等。

二是机物的不安全状态。这主要包括：设备、设施、工装、工具、物料等有缺陷；防护装置缺乏或者有缺陷；个人防护用品用具缺失或者有缺陷。

三是环境的不安全条件。这主要包括：疏散通道和安全距离有缺陷、地质或者地面的不安全因素、平面布置或者环境条件缺陷。

针对安全事故产生的直接原因，企业安全生产事故管理的法律风险防范措施主要如图 21-15 所示。

安全警示标志的设立符合法律法规的要求
生产设备的安全管理符合相关的法律规定
严格按照法律的要求来管理危险品
按照法律规定管理重大的危险源

依法对危险作业进行审批管理

交叉作业的管理应符合安全生产的要求

项目发包、出租的管理应符合安全生产的要求

按照法律规定提供劳动安全保护

按照法律规定保障劳动者的合法权益

图 21-15 安全生产事故管理的法律风险防范措施

（二）企业安全事故处理法律风险的防范措施

根据相关的法律规定，企业安全事故处理法律风险的防范措施如图 21-16 所示。

措施一 **建立安全预警机制，发生安全事故时立即组织救援**

为了避免不必要的人员伤亡和财产损失，必须制定事故应急救援预案，当企业发生生产安全事故时，启动应急救援响应，企业的相关负责人必须及时组织抢救，而不能擅自离开工作岗位

措施二 **按照法律规定进行安全事故的报告**

企业发生安全事故后，为了防止事故扩大，避免不必要的人员伤亡和财产损失，企业的相关负责人应及时报告事故的具体情况，而不能隐瞒不报、谎报或者拖延不报，不能故意破坏事故现场、毁灭有关证据

措施三 **接受有关机关的调查处理**

企业发生安全事故后，国家有关机关应马上成立事故调查组，调查事故发生的原因，发生事故的企业必须配合相关机关的调查

图 21-16 安全事故处理法律风险的防范措施

十三、发布广告的法律风险防范

广告是一把双刃剑，处理不当，极易引发民事、行政及刑事纠纷。为有效应对企业宣传工作中存在的法律风险，在日常管理中，企业管理者应加强对企业广告宣传法律知识的宣传和贯彻，开展依法合规经营，避免承担相应的法律责任。

（一）发布广告前审查

发布医疗、药品、医疗器械、农药、兽药和保健食品广告，以及法律、行政法规规

定应当进行审查的其他广告，应当在发布前由有关部门对广告内容进行审查；未经审查，不得发布。

（二）使用比较广告时

比较广告又称竞争性广告或对比性广告，可以分为两大类，即批判性的比较广告和攀附性的比较广告。前者主要是对竞争对手及其经营的产品或服务进行批判或贬损；后者主要特性是"搭便车"，即借他人早已扬名的商誉来抬高自己，如"林河酒，中国的XO"。

在使用比较广告时，应注意图21-17所示的事项。

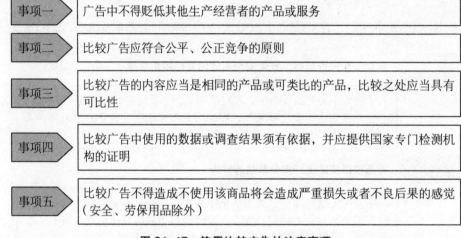

事项一	广告中不得贬低其他生产经营者的产品或服务
事项二	比较广告应符合公平、公正竞争的原则
事项三	比较广告的内容应当是相同的产品或可类比的产品，比较之处应当具有可比性
事项四	比较广告中使用的数据或调查结果须有依据，并应提供国家专门检测机构的证明
事项五	比较广告不得造成不使用该商品将会造成严重损失或者不良后果的感觉（安全、劳保用品除外）

图 21-17 使用比较广告的注意事项

（三）广告中涉及专利时

广告中涉及专利时应注意以下事项：

（1）广告中涉及专利产品或者专利方法的，应当标明专利号和专利种类；

（2）未取得专利权的，不得谎称取得专利权；

（3）禁止使用未授予专利权的专利申请和已经终止、撤销、无效的专利作广告；

（4）在广告中宣传在商品或服务中使用的专利，还应注意该专利在商品或服务中的实际使用。

（四）广告代言时

广告代言时应注意以下事项：

（1）广告代言人在广告中对商品、服务作推荐、证明，应当依据事实，符合法律、行政法规的规定，不得为其未使用过的商品或未接受过的服务作推荐、证明；

（2）不得利用不满 10 周岁的未成年人作为广告代言人；

（3）对在虚假广告中作推荐、证明受到行政处罚未满三年的自然人、法人或者其他组织，不得利用其作为广告代言人；

（4）医疗、药品、医疗器械、保健食品广告不得利用广告代言人作推荐、证明。

（五）利用互联网发布广告时

利用互联网发布广告时应注意以下事项：

（1）利用互联网发布、发送广告，不得影响用户正常使用网络；

（2）在互联网页面以弹出等形式发布的广告，应当显著标明关闭标志，确保一键关闭；

（3）不得以欺骗方式诱使用户点击广告内容；

（4）禁止利用互联网发布处方药和烟草的广告。

（六）涉及他人人身权、财产权时

涉及他人人身权、财产权时应注意以下事项。

（1）在广告中使用他人名义或者形象的，应当事先取得其书面同意；使用无民事行为能力人、限制民事行为能力人的名义或者形象的，应当事先取得其监护人的书面同意。

（2）在广告中使用他人名誉、言论、专有标记、注册商标等人身权和财产权的，应当事先取得他人的书面同意；使用无民事行为能力人、限制民事行为能力人的名誉、言论、专有标记、注册商标等人身权和财产权的，应当事先取得其监护人的书面同意。

特别提示

广告宣传是企业提高自身知名度的方式之一，一般情况下，相比于其他方式，企业在广告宣传上的成本投入比重较大，为了避免可能产生的高风险，建议企业充分审查对外发布的广告宣传内容，减少不必要的经济损失或责任承担。

学习笔记

通过学习本部分内容，想必您已经有了不少学习心得，请仔细填写下来，以便继续巩固学习。如果您在学习中遇到了一些难点，也请如实写下来，方便今后重复学习，彻底解决这些难点。

我的学习心得：

1. _____

_____

2. _____

_____

3. _____

_____

我的学习难点：

1. _____

_____

2. _____

_____

3. _____

_____